NEW SPACE

이미 시작된
우주 자본의 시대

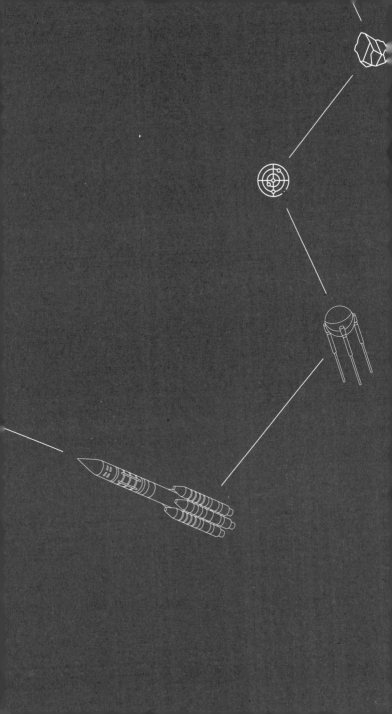

NEW SPACE

이미 시작된
우주 자본의 시대

이임복 지음

퍼블리온
Publion

PROLOGUE

왜
다시
우주인가

1

여행을 가면 밤하늘의 별을 가만히 바라본다. 도심을 조금만 벗어나도 밤하늘에는 별이 가득하고, 아름답다. 밤하늘의 별자리는 몇 년이 지나도 변하지 않았지만 변하는 건 언제나 바라보는 나였다. 복잡한 도심의 밝은 밤은 별을 볼 수 없게 한다. 제대로 보기 위해서는 더 어두운 곳, 더 조용한 곳으로 가야 했다.

밝은 달과 별들을 보면 내가 살고 있는 지구도 하나의 별이라는 생각이 들었다. 한 손을 들어 달에 비추어보면 '언젠가 나는 달에 가볼 수 있을까?'라는 생각이 들어 너무 아쉬웠다. 이런 생각이 들 때면 항상 에드거 라이스 버로스의 책 《바숨 연대기》 중 하나인 〈화성의 공주〉가 떠오른다. 주인공 존 카터는 밤하늘의 화성을 보다가 순간 지구에서 화성으로 이동한다. 밤하늘의 별을 보다가 빨려들어갈 듯한 기분. 아직도 별을 볼 때마다 생각나는 이야기다.

그런데 좀 이상하다. 왜 우리는 화성은커녕 달에도 가지 못하는 걸까? 닐 암스트롱이 달에 도착했을 때는 1969년. 이미 50년이 지났다. 이 50년 동안 우리는, 인류는 무엇을 했기에 '달 여행'은커녕 달 기지도 제대로 건설하지 못했을까? 과학기술 발전이 부족했기 때문일까?

그럴 리는 없다. 스마트폰에서 인공지능에 이르기까지 수많은 마법 같은 일들이 하루가 멀다 하고 벌어질 정도다. 이런 질문을 품은 사람은 많다. 하지만 금방 잊힌다. 우리가 '우주'를 생각하게 되는 건 가끔 별을 볼 때나 영화를 볼 때 정도다. 우리가 하는 대부분의 일상은 우주와 관련 없기 때문이다. 당장 내일의 일자리가 걱정되는 우리에게 우주는 언제나 멀다.

2

내가 하는 일은 'IT 트렌드'를 빠르게 파악해서 정리해 전달하는 일이다. 직접 보고 생각하고 말한다는 뜻에서 '트렌드 워커'라는 이름도 사용하고 있다. 어떤 키워드를 두고 오래도록 관찰하다 보면 대략 다음 해에 기업들과 국가들이 관심 갖을 키워드들이 보인다. 2021년은 메타버스, 2022년은 NFT, 2023년은 인공지능이 대세였다. 2024년부터 관심받을 키워드는 '인공지능'과 '우주 산업'이라 본다. 인공지능과 관련된 산업들은 이미 폭발적으로 성장했다.

몇 해 전부터 관심이 이어지던 '우주'는 2024년 이후 조금 더 대세가 될 것이라 생각한다. 그중 몇 가지 움직임을 보자. 〈인터스텔라〉(2014)와 〈그래비티〉(2013), 〈마션〉(2015), 〈히든 피겨스〉(2016), 〈승리호〉(2021), 〈더 문〉(2023) 같은 우주 영화들이 꾸준히 주목받고 있다. 영화가 아닌 현실에서도 우주와 관련한 큰 흐름들이 나타났다. 2019년 4월에는 〈인터스텔라〉에 나온 블랙홀이 실제로 포착되어 공개됐다. 유럽 남방천문대가 촬영한 지구에서 5,500만 광년 거리에 있는 블랙홀 M87이다. 2020년에는 영화의 원작소설 《마션》의 작가 앤디 위어의 다음 작품인 《아르테미스》의 이름과 같은 '아르테미스 프로그램'을 미국이 발표했다. 이에 따르면 우리는 2025년 이후 다시 달을 밟게 된다. 2021년은 더 흥미롭다. 버진 갤럭틱과 블루 오리진의 우주선이 우주 공간에 진입하는 데 성공했다는 소식이 들렸다. 이 소식이 놀랍고 흥미로운 건 인류의 오랜 꿈 중 하나인 '우주여행'의 시작을 알리는 순간이었기 때문이다. 저궤도 인공위성인 '스타링크'는 또 어떤가. 꾸준히 우주로 쏘아 올리는 초저궤도 위성은 어느새 5,000개를 넘어섰고, 2022년 우크라이나–러시아 전쟁에서 우크라이나를 지원하며 전 세계에 우주 인터넷의 사업성을 알렸다.

국내도 마찬가지다. 2022년 8월 달 탐사선 다누리가 발사됐고, 12월 달 궤도 진입에 성공해서 7번째 달 탐사국이 됐다. 2023년 5월에는 한국형 발사체 누리호 3차 발사에 성공했다. 이어 한국형 나사(NASA)라 불리는 '우주 항공청' 설립에 대한 이슈들이 이어졌다.

이 흐름을 보면 뭔가 이상한 점을 하나 찾을 수 있다. 지난 몇 년간 '우주'와 관련해 들리는 메인 이슈들은 나사의 발표나 러시아, 일본 같은 국가들의 움직임보다 '스페이스 X', '스타링크', '버진 갤럭틱' 등 민간 기업의 이슈들이 더 많았다. 이유는 하나다. 우주 산업을 향한 글로벌 기업들의 움직임이 그 어느 때보다 빨라졌기 때문이다. 국가 단위에서 우주에 투자한다는 의미는 과학기술 발전과 군사적인 목적 두 가지를 지원하는 '비용 지출'의 성격이 크다. 그런데 기업은 다르다. 기업은 돈을 투자해 그 이상의 수익을 내야 하기에 기업들의 움직임이 빨라진 건 그만큼 우주를 '수익 사업'으로 보기 시작했다는 의미다.

이미 세계적인 부자들과 글로벌 기업들의 투자는 우주로 향했다. 이 중 대표적인 인물 일론 머스크를 생각해보자. '언젠가 화성에 간다'는 그의 꿈을 모르는 사람이 없을 정도다. 20년 전이라면 비웃었겠지만, 지금은 언제 갈 수 있을지 '시기'를 묻게 된다. 우주로 쏘아 올린 로켓을 다시 착륙시켜 재활용하는 로켓, 우주에서 지상으로 '우주 인터넷' 서비스를 하겠다는 생각, 이 모든 것이 하나씩 현실이 되었다.

적극적인 기업의 투자가 이루어지며 과거의 우주 산업과 다른 지금의 우주 산업을 일컫는 멋진 말이 있다. '뉴스페이스'. 국가 주도에서 민간 주도로 바뀐 우주 시대가 이미 시작됐다. 이 시대는 우주와 관련된 회사뿐 아니라 어쩌면 모든 회사에 기회를 주고 있다. 우주를 향한 모든 것은 돈이다. 우주선을 만드는 부품, 달 궤도선에 들어가는 부품, 착륙선에 필요한 모든 것. 여기에 우주에서 얻게 되는 광물 자원, 인공위성으로 얻을 수 있는 수많은 데이터에 이르기까지. 이 모든 것에 모든 산업이 연결되어 있다. 그래서 뉴스페이스 시대는 기회이며, 기회의 문은 아직 닫히지 않았다.

3

이 책은 이런 이유에서 썼다. 기회의 문이 아직 열려 있는데 발끝조차 내딛지 못하고 이 문으로 고개를 돌리지도 않는 사람이 너무 많다. 우주에 대해 알면 알수록 관련된 산업을 분석하면 할수록 그동안 수많은 과학자들과 과학 커뮤니케이터들이 얼마나 고생했는지가 보였다. 거대한 변화의 흐름에 올라타지 못한다면 국가 차원에서도 기회를 상실하게 되는 게 아쉬웠다.

우주에 관심을 갖기 어려운 이유는 두 가지다. 하나

는 내 일상은 가깝지만 우주는 너무 멀기 때문이다. 모르고 산다 해도 각자의 일상에는 아무런 지장이 없다. 두 번째는 어렵기 때문이다. 우주에 대해서 제대로 공부하는 건 너무 광범위하다. 그렇다고 해서 우주 산업에 대한 연혁이나 어떤 회사의 성공 스토리만을 알면 되는 것도 아니다.

필요한 건 지금 당장 우리 주변에서 벌어지는 일에 대한 설명과 빠른 이해다.

따라서 이 책은 복잡한 이야기는 최대한 빼고, 우리가 꼭 알아야 하는 이야기들과 짧게는 몇 개월 길게는 1년 안에 벌어지게 되어 신문에서 자주 보게 될 이야기들에 초점을 맞추었다. 이를 위해 당장 눈에 보이는 '우주여행'과 '우주 인터넷'에 조금 더 많은 내용을 담았다.

아폴로의 달 착륙을 직접 눈으로 보지 못한 세대는 곧 아르테미스의 달 착륙과 더불어 새로운 우주 세기를 경험하게 된다. 기대되지 않는가. 이 책을 읽고 난 후에 바라보는 달과 별은 이전과 다른 느낌이리라 확신한다. 조금이라도 더 많은 사람이 우주에 관심을 갖고 우주 산업에 뛰어들기 바란다. 이미 세상이 우주를 향해 움직이고, 우리나라 과학자들 역시 고군분투하며 굉장한 성과를 올리고 있다는 것을 알기 바란다.

멋진 경기와 멋진 영화가 시작될 때는 이왕이면 앞줄에서 지켜봐야 가장 신나고 즐겁지 않은가. 자, 이제 팝콘과 콜라를 준비하자. 안전벨트를 꽉 조이고 편안하게 좌석을 뒤로 눕히고 다리를 뻗자. 이미 시작된 뉴스페이스 시대에 대한 이야기가 시작된다. 이 시대의 중심은 여러분이다.

차례

PART 2
로켓 배송의 시대가 왔다

PART 3
저궤도 위성, 우주 인터넷 시대를 열다

PART 4

나는 우주로 여행간다

우주여행, 일상이 될 수 있을까?

PART 5
우주, 글로벌 기업들의 다음 먹거리

우주를 향한 골드 러시 - 광물 채취를 향해

쓰레기는 쓰레기통에 - 우주 쓰레기 정리사업

PART 01

우주,

새로운 기회의

문이 열리다

다시
달로
향하다

Return
to
the
MOON

달에 가지 못한 50년

"We choose to go to the moon in this decade and do the other things, not because they are easy, but because they are hard.(우리는 10년 내에 달로 가기로 결정했다. 쉬운 일이 아니라 어려운 일이기 때문에 결정했다.)"

1962년, 인류를 달로 보내겠다는 존 F. 케네디 대통령의 역사적인 연설이다. 7년 뒤인 1969년 7월 20일, 드디어 아폴로 11호는 달 착륙에 성공했다.

"That's one small step for a man, one giant leap for mankind. (이것은 인간에게는 한 걸음, 인류에게는 거대한 도약이다.)"

달에 첫발을 내디디며 닐 암스트롱이 한 말이다. 그리고 다음 큰 발자국은 내딛지 못한 채 50년이 지났다. 앞으로 달에 도시가 생겨 인간이 거주하며 화성으로 모험을 떠날 거라는 당시의 기대와 다르게 아직 우리는 지구를 벗어나지 못하고 있다. 왜일까? 왜 우주를 향한 인류의 도전은 끝난 것처럼 보일까.

꽤 많은 사람은 아직도 아폴로 11호 우주비행사 닐 암스트롱을 끝으로 더이상 달에 착륙한 인간은 없다고 생각한다. 하지만 아폴로 17호를 마지막으로 12명이 달에 착륙했다. 아폴로 11호만 기억하는 이유는 그만큼 첫 발자국이 인상적이었기 때문이다.

왜 그 이후로 달에 가지 않았는지 이해하기 위해서는 반대로 왜 이 당시에, 지금보다 과학기술이 훨씬 뒤처졌을 이때 달에 가기로 결심했는지 이해해야 한다.

»
1969년 7월 20일. 아폴로 11호가 달 착륙에 성공했고, 닐 암스트롱
은 달에 첫발을 내디딘 지구인이 되었다. (출처: 나사)

인류 최초의 우주 경쟁 – 소련 vs. 미국

아쉽게도 대부분의 과학기술 발전은 '전쟁'과 이어진다. 로켓과 우주에 대한 관심도 마찬가지였다. 제2차 세계대전 당시 독일은 세계 최초의 탄도 미사일 V-2를 가지고 있었다. V-2는 길이 14m에 무게는 13t, 최대 속도는 음속의 4배에 가까웠다. V-2는 1945년 3월까지 무려 3,200발이 발사된다. 이 중 런던을 향해서만 1,358발을 날렸다. 물론 현대의 로켓과 비교해서는 형편없을 정도의 명중률이지만 연합군 입장에서는 공포 그 자체였다. 제1차, 제2차 세계대전을 다룬 영화를 보면 알 수 있듯 당시의 미사일은 폭격기들이 하늘에서 떨어트리는 게 전부였기 때문이다.

승전국이 된 미국과 소련이 이에 관심을 가진 건 당연한 일이다. 로켓과 연구원들, 공장을 서로 전리품으로 가졌고 이를 토대로 각자 로켓 개발을 시작했다. 더 마음이 급해진 건 소련이었다.

'일본을 향해 핵을 날린 미국을 보며 소련은 다음 차례가 혹시라도 자신들이 될까 봐 두려워하지 않았을까.'

이런 두려움을 느끼던 소련의 선택은 로켓이었다. 그러다 미국이 '뱅가드 위성'을 발사할 예정이라는 사실을 알게 된다. '우주? 우주까지 올라간 로켓이 지상을 향해 떨어진다면 이걸 요격할 수 있을까? 더 먼저 인공위성을 쏘아야 한다.' 이러한 생각은 기술에 대한 투자를 가속화했다.

1957년 10월 소련은 스푸트니크 1호 발사에 성공한다. 스푸트니크는 동그란 공 모양으로 생겼으며 지름은 58cm, 무게는 83kg으로 안테나 4개를 장착했다. 로켓을 타고 우주로 향한 스푸트니크는 5분 만에 궤도에 자리잡고 '삐− 삐− 삐−' 하는 소리를 지구로 보내게 된다. 92일간 지구를 돌며 이 소리를 계속 내보냈고, 소련에는 자랑스러운 소리가 미국에는 공포의 소리가 됐다. 이 사건은 '스푸트니크 공격'이라고도 한다.

공포는 곧 도전으로 바뀌었다. 미국이 열심히 추적하는 동안 소련은 몇 발 더 나가기 시작한다. 한 달 뒤인 1957년 11월 최초의 살아 있는 개, '라이카'를 태워 우주로 쏘아 올리는 데 성공한다.

미국이 가만있을 리 없다. 급하게 1957년 12월 뱅가드 로켓을 통해 뱅가드 위성을 발사했지만 1m도 올라가지 못하고 폭발했다. 미국의 자존심은 그야말로 제대로 주저앉았다.

하지만 미국의 도전이 항상 실패하기만 한 것은 아니

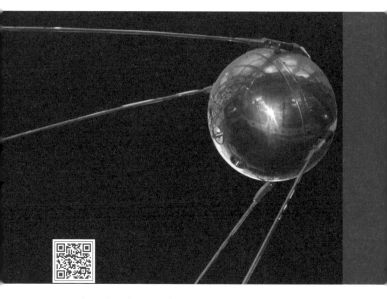

1957년 10월 소련은 동그란 공 모양에 지름 58cm, 무게 83kg, 안테나 4개를 장착한 최초의 인공위성 스푸트니크 1호 발사에 성공한다. (출처 : 나사)

다. 1958년 1월 드디어 미국은 인공위성 익스플로러 1호를 쏘아 올리는 데 성공했다. 스푸트니크 1호 발사 후 불과 3개월밖에 지나지 않아 이룬 성과였다. 익스플로러 1호는 스푸트니크와 여러모로 달랐다.

14kg 정도로 가벼웠으며, 길쭉한 미사일 형태였다. 스푸트니크가 단순한 신호만을 보냈다면 익스플로러는

1958년 1월, 드디어 미국은 인공위성 익스플로러 1호를 쏘아 올리는 데 성공했다. (출처 : 나사)

여러 장치가 달려 있었는데, '밴앨런대(Van Allen帶)'로 알려진 지구를 둘러싼 자기장 영역을 실제로 측정한 성과를 냈다. 덕분에 소련보다 작은 로켓을 발사했다는 비난을 어느 정도 무마시킬 수 있었다.

　이어 미국에서는 소련보다 먼저 '인간'을 우주로 보내겠다는 '머큐리 프로젝트'를 시작했다. 1958년 프로

젝트를 발표했고, 1959년 우주비행사 일곱 명이 선발됐
다. (이를 잘 다룬 영화 중 하나가 〈히든 피겨스〉다.)

문제는 소련이다. 소련은 미국의 상황을 지켜보다
기다렸다는 듯 '보스토크 프로젝트'를 시작한다. (보스토
크는 러시아어로 '동방'이라는 뜻이다.) 1961년 4월 12일,
열심히 훈련 중인 미국을 비웃기라도 하듯 보스토크 1호
는 최초의 우주인 '유리 가가린'을 태우고 지상 299km
까지 올라 76분 동안 지구를 한 바퀴 돌았다. 발사 후 귀
환까지 108분 정도밖에 걸리지 않았지만 인류 최초의 우
주선이라는 타이틀은 소련이 가져가게 됐다.

25일 뒤인 1961년 5월 5일 앨런 셰퍼드가 탑승
한 프리덤 7호가 우주를 향한 탄도 비행에 성공했다. 유
리 가가린이 한 '궤도 비행'은 지구를 한 바퀴 도는 비행
인 데 비해 '탄도 비행'은 우주로 쏘아 올린 우주선이 잠
깐 우주까지 나갔다가 다시 지구로 내려오는 비행을 말한
다. (뒤에서 이야기할 블루 오리진의 로켓 '뉴셰퍼드'의 이름은
여기서 시작됐다.)

탄도 비행에 성공하고 난 20일 후 존 F. 케네디 대통
령은 1960년대가 끝나기 전 달에 사람을 보내겠다는 유
명한 연설을 했다. 이를 위해 시행한 프로젝트가 바로 '아
폴로'다.

미국의 궤도 비행은 1962년 2월에 이르러서야 '존 글렌'을 태운 프렌드십 7호로 성공했다. 드디어 지구를 궤도 비행한 두 번째 우주인이 된 것이다. 하지만 아쉽게도 세상은 '유리 가가린'이란 첫 번째 우주인을 더 많이 기억한다.

머큐리 계획이 시행되던 1961년 1명의 우주인이 아니라 2명의 우주인을 태운 로켓을 발사하기 위한 '제미니 프로젝트'가 시작됐다. 하지만 첫 번째 로켓이 발사된 건 1965년이었다.

그사이 소련은 다시금 미국과의 격차를 벌렸다.

1963년 6월 최초의 여성 우주비행사 자리를 '발렌티나 테레시코바'가 차지했고, 1964년 10월 '보스호드 1호'가 발사됐다. (보스호드는 러시아어로 '일출'이라는 뜻이다.) 1호는 최초의 3인승 우주선으로 3명을 태우고 우주로 향했다. 새로운 우주선을 만든 게 아니라 보스토크와 동일한 우주선이라 상당히 좁았다는 이야기도 있다.

1965년 3월에는 2인승 우주선 '보스호드 2호'로 우주로 갔고, 인류 최초의 EVA(우주 유영)에 성공했다. 처음으로 인간이 우주에 몸을 던진 순간이었다.

미국의 제미니 역시 1965년 6월 우주 유영에 성공했다. 여기까지만 봐도 미국은 이미 소련에 비해 늦었다는 걸 알 수 있다. 기술력이야 서로 우위를 점하기 힘들겠지만 속도 면에서 늦었고 최초는 전부 빼앗긴 상태다.

그럼에도 제미니는 1966년 이후까지 지속적으로 임무를 수행한다. 이런 제미니의 연구 성과가 '아폴로 프로그램'으로 이어졌다.

아폴로 프로그램 이후의 경쟁

소련에 더이상 뒤지지 않기 위해서 미국은 절대로 따라잡을 수 없는 강력한 한 방을 준비했다. 바로 '아폴로 프로그램'이다.

1961년 5월 달에 가겠다는 케네디 대통령의 연설은 1962년 9월 라이스 대학교 연설에서 더욱 명확해졌다.

아폴로 프로그램을 성공시키기 위해서는 2가지가 필요했다. 하나는 '달'로 인간을 보낼 수 있을 만큼 강력한 추진력을 가진 로켓의 개발이고, 두 번째는 달 착륙에 관한 다양한 기술과 귀환 프로그램이었다. 이를 위해 진행한 대표적인 프로젝트가 '제미니'고, 개발한 로켓이 그 유명한 '새턴 V'다.

소련 역시 '달'에 미국보다 먼저 가야겠다고 생각했

»
1969년 7월 아폴로 11호가 달 착륙에 성공하며 달을 향한 첫걸음과
소련과의 경쟁에 종지부를 찍었다. (출처 : 나사)

으나 이를 실행할 자금이 부족했다.

아폴로 계획은 빠르게 진행됐다. 미국은 무슨 일이 있어도 이번만큼은 소련에 선두를 빼앗겨서는 안 됐다. 1967년 실험 중인 기체에 탑승한 우주인 3명이 화재로 숨졌다. 이들을 기리기 위해 이 미션의 이름이 아폴로 1호가 됐다. 1968년 8월 새턴 V 로켓이 투입된 아폴로 8호가 최초로 달 궤도까지 갔다가 귀환하는 데 성공했다. 10호는 달에 가까이 가서 착륙 직전까지의 미션들을 테스트했고 드디어 1969년 7월 아폴로 11호가 달 착륙에 성공하며 달을 향한 첫걸음과 소련과의 경쟁에 종지부를 찍었다.

이후 1972년 아폴로 17호의 미션을 끝으로 인류는 더이상 직접 달에 내리지 않았다.

그동안 소련은 뭘 했을까? 소련 입장에서는 미국의 새턴 V 같은 로켓을 만들기에는 시간도 비용도 부족했다. 소련이 눈을 돌린 건 멀리 달까지 로켓을 쏘지 않아도 우주에 대한 더 큰 성과를 얻을 수 있는 프로젝트, '우주정거장'이었다.

우주정거장의 시대

지금도 밤하늘 우리 눈에 보이는 별들 속에서 누군가 먹고 자고 생활하고 있다. 와, 이렇게 생각하면 뭔가 좀 두근거린다. 이들이 살고 있는 집은 '우주정거장'이다.

미국의 달 착륙 이후, 소련은 1971년 살루트 프로젝트(Salyut)를 시작한다. (살루트는 러시아어로 '축배, 축포'라는 뜻이다.) 달 탐험은 멋지긴 하지만 갔다가 다시 돌아와야 한다. 소련은 인간을 우주에 장기간 머물게 하는 데 집중했다.

1971년 살루트 1호가 발사됐다. 그동안 발사했던 소유즈 우주선에서 우주인들이 머무는 공간은 $4m^2$밖에 되지 않은 데 비해 살루트 1호는 지름 4m, 길이 20m에 내부공간의 부피는 $99m^2$나 됐다. 이 정거장을 우주에 띄워놓고, 지상에서 쏘아 올린 소유즈 우주선이 도킹(결합)하는 형태로 이용했다. 같은 해 6월 소유즈 11호를 탄 우주인 3명은 살루트 1호에서 23일간 머물기도 했다. 다만 이들은 귀환 모듈 사고로 질식해 모두 사망했다. 이후 우주인은 3명에서 2명으로 줄어들게 됐다. 질식 이유 중 하나는 우주선 내에서 우주복을 입지 않았고 입을 공간이 없었기 때문이다.

소련은 이후에도 지속적으로 살루트를 쏘아 올렸고 1982년 살루트 7호부터는 정기적으로 우주인들이 방문하는 곳이 됐다. 6호부터의 특징은 기존 정거장과 다르게 우주선을 2개 도킹시킬 수 있다는 점이었다. 덕분에 우주인들은 타고 온 우주선을 가지고 귀환하는 게 아니라 이전에 있던 우주선으로 바꿔 타고 귀환할 수 있게 됐다. 거주 기간 역시 하루 이틀이 아니라 90일 넘게 머물 수 있게 됐다.

미국은 달에 가지 않는 대신 달에 가기 위해 만든 새턴 로켓을 이용하기로 한다. 로켓의 추진체를 우주정거장으로 바꾸고 쏘아 올리는데 이게 미국의 첫 우주정거장인 '스카이랩(Skylab)'이다. 우주에 머물며 다양한 실험을 하겠다는 미국의 목표가 드러난 이름이다. 1973년 5월 14일 드디어 스카이랩이 우주 궤도에 오른다.

미국과 소련의 우주정거장 경쟁은 우주에서의 다양한 실험과 발견을 가능하게 했다. 소련은 체코슬로바키아, 폴란드 등 다양한 동맹국의 우주인들을 살루트 정거장에 머물게 하는 프로젝트도 함께 진행하는 등 우주정거장 프로젝트에서 앞서 나갔지만 스카이랩에 비해서는 크기가 작았다.

1986년 소련은 스카이랩을 이길 수 있는 더 큰 크기의 우주정거장을 보내기로 한다. 대형 우주정거장 '미르'의 시작이다. 이때부터 우주정거장은 단일 기체가 아니라 여러 기체를 보내 조립하는 형태, 그러니까 마치 레고처럼 모듈을 끼워 확장하는 형태가 된다. 무려 3개의 모듈이 연결되었고 6대의 우주선을 도킹시킬 수 있었다.

'미르'는 러시아어로 '평화'라는 뜻으로 소련은 이 정거장이 군사적인 목적은 아님을 강조했다.

이렇게 잘나가던 미르 우주정거장 계획에 변수가 생겼다. 1991년 소련이 무너졌다. 여기에 손을 내민 건 미국 나사였다. 미국 역시 '프리덤'이란 이름의 우주정거장을 계획했지만 예산 문제가 있었다. 결국 두 나라 모두 윈윈할 수 있기에 러시아는 미국과 우주정거장을 공유하기로 하고 2001년까지 운영됐다. 2001년 우주정거장은 대기권에서 불태워졌고 남은 부분은 바다에 떨어졌다.

미르 우주정거장의 뒤를 이은 우주정거장이 '국제우주정거장' ISS(International Space Station)다. ISS는 일단 그 크기부터가 압도적인데 길이는 108미터, 폭 72미터로 쉽게 축구 경기장 크기를 생각하면 된다. '국제'라는 말답게 미국, 영국, 프랑스, 러시아, 일본 등 16개 국가가 참여했으며 러시아의 우주정거장이 베이스가 되어 미르 우주정거장처럼 다양한 모듈을 붙여서 확장하는 방

미국, 영국, 프랑스, 러시아, 일본 등 16개 국가가 참여한 '국제우주정거장' ISS. (출처 : 나사)

식을 택했다. 1998년 러시아에서 처음으로 '자랴' 모듈을 발사했으며, 1998년 12월 유니티 모듈이 도킹됐고, 다양한 모듈의 조합이 이어졌다. 2000년부터 우주정거장에서는 우주인들이 교대로 거주하기에 이들을 위한 물자 수송이 필요해졌다. 나사, 러시아연방우주국, 일본, 유럽이 이를 맡았다. 얼핏 생각하기에도 막대한 비용이 들어간다.

　　바로 이 부분이 결국 발목을 잡았다. 미국에서는 트럼프 정부 이후 예산 문제가 이슈가 됐고 러시아는 2022년에 ISS에서 2024년 이후 철수하겠다 했다. 몇 달 뒤에는 2028년까지는 잔류하겠다고 다시 언급했으나 언제든 국제 정세에 따라 흔들릴 수 있다는 점만 부각시켰다. 미국 역시 ISS를 2030년 이내에 폐기하는 것을 확정함으로써 평화와 화합의 상징이기도 했던 ISS는 조금씩 동력을 잃고 있다.

경제력을 잃은 러시아의 뒤를 이어 등장한 나라는 '중국'이다. 중국은 우주굴기라 할 만큼 우주 산업에 진심이다. 2003년에는 첫 유인 우주비행을 했고, 2011년 9월 단독으로 우주정거장 '텐궁 1호'를 궤도에 올리는 데 성공한다. 본격적으로 움직인 건 2021년 4월이었다. 이때 첫 모듈을 발사했으며 ISS처럼 하나씩 모듈을 붙여나가고 있다. 아예 2023년부터는 다른 나라들에 함께 하자며 파트너를 모으고 있으며 러시아 역시 2032년을 목표로 새로운 우주정거장을 준비하고 있다.

여기까지 이야기를 보면 우주 산업은 인류의 발전을 위한 숭고한 목적이라기보다 '냉전'으로 시작된 각국의 경쟁이었음을 알 수 있다. 우주 경쟁이 가장 치열하게 벌어진 데에는 냉전이 있었고 우주 경쟁이 힘과 관심을 잃게 된 것도 냉전 때문이다. 결국 '정치적 이유'와 '예산, 돈 문제' 두 가지 때문이었다.

우선 돈 문제부터 이야기해보자. 2024년 나사가 공개한 예산안에 따르면 2023년 예산은 254억 달러였고

2024년 272억 달러로 늘어날 예정이다. 272억 달러면 한화로 3조 3,000억 원이다. 이 금액은 정말 많아 보인다. 그런데 삼성전자의 2021년 매출이 279조 원이다. 이렇게 비교해보면 어떤가. 물론 나사는 돈을 써야 하는 곳이고, 삼성전자는 돈을 벌어들여야 하는 곳이라 이렇게 직접적으로 비교하는 게 맞지 않을 수 있다. 하지만 돈의 총량, 느낌만 봐도 거대한 우주 프로젝트를 진행하는 데 충분할까? 하는 의구심이 든다.

충분한 예산을 쓰지 못하는 건 대중의 지지를 받기 어렵기 때문이다. 국가에서 쓰는 '예산'이 제대로 쓰였다고 느껴질 때는 언제인가? 추운 겨울 버스 정류장에 앉아 있는데 열선 때문에 엉덩이 부분이 따듯해졌거나, 평소 정체되던 도로 옆에 다른 도로가 하나 더 생겨서 편리해졌거나, 대출 이자가 낮아졌거나 하는 등 자신의 삶에 직접적인 영향이 있을 때다. 나사가 예산을 집행해서 우주와 관련된 프로젝트들을 하는 건 좋지만 그래서 개개인의 삶이 어떻게 달라질까? 달에서 물이 발견됐다? 그래서? 블랙홀이 어떻게 생겼는지 알 수 있게 되었다? 멋진 일이지만 그래서 이번 달 월급을 더 많이 받을까?

너무 현실적으로 보일지라도 어쩔 수 없다. 당장 먹을 음식을 살 돈이 없는 사람들에게 빵을 주는 게 우주를 향한 꿈에 돈을 쓰는 것보다 더 나은 것처럼 보일 수밖에 없다.

여기에 이어 냉전이 끝났다. 물론 2023년 이후 신냉전이라고 할 수 있을 정도로 큰 힘을 가진 국가들의 움직임은 예사롭지 않다. 그럼에도 바로 직전 이야기한 '그래서?'라는 질문에 대해 냉전 시대에는 '소련이 미국보다 먼저 인공위성을 발사했다', '경쟁에서 지고 있다', '만약 우주에서 공격하면 어떻게 될까?'라는 공포감에 '우리도 질 수 없어!'라며 국민들의 이해를 얻어낼 수 있었다.

하지만 1991년 12월 공식적으로 소련은 해체되었고 미국은 절대 강국으로 자리 잡게 됐다. 이 시점부터 미국은 더이상 경쟁 상대가 없어졌기 때문에 달로 인간을 보낼 필요도 없게 됐다. 우주정거장이 있고 다양한 실험을 계속하고 있지만 이를 유지하는 데만도 엄청난 비용이 투자된다.

미국 입장에서는 소련의 뒤를 이은 러시아보다는 뛰어난 우주 기술을 가졌다고 생각하는 중 또 다른 복병을 만났다. '중국'이다. 중국이 시작한 건 우주정거장만이 아니다. 2003년 중국은 '창어'라는 이름의 우주 프로젝트를 시작했다. 창어는 달 탐사를 위한 중국의 장기 프로젝트로, 달 궤도 진입과 착륙, 샘플 수집과 기지 건설을 목표로 한다. 창어 1호는 2007년 10월 달 궤도에 진입하는 데 성공했고 2019년 창어 4호는 최초로 달 뒷면 착륙에 성공했다.

이제 우주를 향한 경쟁 대상은 다시금 '달'이 됐다. 냉전 시대 전 세계 사람들의 관심을 모으며 과감하게 '달 프로젝트 아폴로'를 보여줬듯 더 큰 비전을 보여줘야 할 때가 됐다.

2028년 달에 기지를 건설하겠다는 목표를 가진 '아르테미스 프로그램'의 시작이다.

아르테미스
프로그램

Artemis
Program

다시 달로 가다 - 아르테미스 프로그램

"We rise together, back to the Moon and beyond.(우리는 달과 그 너머로 다시 함께 나갑니다.)"

2017년 12월 11일, 도널드 트럼프 대통령은 달 탐사 프로젝트 '문 퍼스트(Moon First)'를 추진하는 '우주정책명령 1호'에 서명했다. 우주정책명령 1호는 '인간을 다시 달에 보내고, 화성 및 기타 임무를 수행'한다는 내용을 담았다. 이어 2호, 3호, 4호에서는 각각 상업 우주 발

2019년 5월 나사에서 발표한 새로운 우주 계획 '아르테미스'.
(출처 : 나사)

사와 재진입에 대한 검토, 우주 작전을 위한 미 육군 서비스 'US Space Force' 창설에 대한 내용이 2019년 2월까지 이어졌다.

　달에 지속가능한 거주지를 건설하고, 민간 우주 산업을 육성하며, 우주에서의 안보와 안정 유지, 3가지가 핵심이다.

　이 정책명령이 의미 있는 이유는 2가지로, 하나는 이전 오바마 시대의 정책인 화성을 향한 '마스 퍼스트(Mars First)' 정책과 반대점에 섰다는 것과 2028년으로 예정되어 진행하던 달 착륙을 2024년으로 앞당기는 도전적인 목표를 설정했다는 데 있다. 오바마 정부가 공격적으로 화성을 언급한 것에 비해 트럼프 정부는 좀 더 빠르게 시행 가능한 '달'을 노렸다.

바이든 정부로 들어서서도 '문 퍼스트' 정책은 변하지 않았다. 사람이 달에 직접 착륙하는 유인 달 착륙의 시기만 2025년으로 늦추어졌을 뿐이다.

2019년 5월 나사에서는 '아르테미스'라는 이름의 새로운 우주 계획을 발표했다. 아르테미스는 그리스 로마 신화에 나오는 태양의 신 '아폴로'의 쌍둥이 누이 이름이다. 처음 달에 간 '아폴로 프로그램'에 이어 '아르테미스'라는 이름을 가지게 된 건 이런 이유에서다.

그렇다면 과거의 아폴로 프로그램과 현재의 아르테미스 프로그램은 어떤 차이가 있을까. 우선 나사에서 공개한 '아르테미스 계획(Artemis Plan)'*의 핵심 내용 3가지를 살펴보자.

첫째, **달을 향한 지속가능한 인류의 여정(Setting Humanity on a Sustainable Course to the Moon)**이다. 이

---

* 아르테미스 계획과 관련된 전체 문서는 나사 홈페이지에 PDF 문서로 기재되어 누구나 받아볼 수 있다.

를 위해 달과 달 주변에 인간과 로봇이 함께하는 건축물 구축을 목표로 한다. 이를 위해 상업 우주 산업(민간 우주 기업)과의 협력으로 효율성을 높이고 새로운 기술을 개발 적용한다.

둘째, **2024년 인간의 달 착륙(Landing Humans on the Moon in 2024)**이다. 달 착륙 전에는 어디에 착륙해야 하는지 어디에서 임무를 수행하면 좋을지 등을 종합적으로 판단해야 한다. 따라서 실제 착륙 전 우주선들을 보내서 다양한 임무를 수행한다. 아르테미스 1호와 2호를 지나 3호는 실질적으로 2024년 달에 착륙하는 것을 목표로 한다. 문서에는 달 착륙과 귀환을 위해 블루 오리진(Blue Origin), 다이네틱스(Dynetics), 스페이스 X(Space X)를 선택했다는 내용이 있다.(2026년으로 연기됐다.)

셋째, **달 임무의 확장과 화성을 위한 준비(Extending Lunar Missions and Preparing for Mars)**다. 달은 화성을 향한 도약이다. 달에 베이스캠프를 세우는 걸 목표로 한다.

이 문서의 내용을 바탕으로 아폴로 프로그램과의 3가지 차이점 및 핵심 내용을 정리해보자.

첫째, 아폴로 프로그램이 미국 주도의 미국을 위한 미국의 프로젝트라면 아르테미스는 **미국만이 아니라 범지구적으로 원하는 국가가 모두 참여하는 '국제 협력 프로**

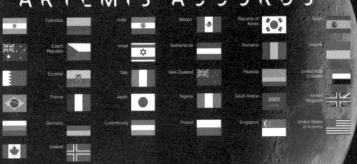

ARTEMIS ACCORDS

United for Peaceful Exploration of Deep Space

» 아르테미스는 미국만이 아니라 범지구적으로 원하는 국가가 모두 참여하는 '국제 협력 프로젝트'이며, 우리나라는 2021년 5월 24일 약정에 서명함으로써 10번째 참여국이 됐다. (출처 : 나사)

젝트'다.(물론 그럼에도 미국의 영향이 가장 크다.) 2023년까지 총 21개국이 참여했으며, 미국, 캐나다, 이탈리아, 일본 그리고 우리나라가 포함되어 있다. 우리나라는 2021년 5월 24일 약정에 서명함으로써 10번째 참여국이 됐다.

　약정에는 달뿐만 아니라 화성 및 소행성 등의 탐사와 이용에 대해 참여국들이 지켜야 하는 원칙이 담겨 있다. 원칙은 평화로운 목적, 우주 탐사에 대한 정책과 계획의 투명한 공유, 개방형 국제 표준을 활용한 상호 운용성, 비상 상황 시의 지원, 우주 물체에 대한 등록, 과학데이터 공개, 유산 보호(유적지와 유물에 대한 이야기로 아폴로의 첫 착륙 지역 등을 들 수 있다), 우주 자원, 우주 활동의 충돌, 궤도 잔해와 우주선 처리로 총 10가지다.

　둘째, **우주정거장 '루나 게이트웨이'의 구축**이다. 아르테미스는 지속적으로 달을 연구하고 다른 우주로 도약하는 것을 목표로 한다. 루나 게이트웨이는 ISS 이후 구축되는 구체적인 두 번째 우주정거장이다. 말 그대로 '루나', 지구가 아니라 달에 구축하는 것을 목표로 한다. 아폴로 11호의 달 착륙 당시를 생각해보면 3명의 우주인이 달로 가서 2명은 탐사선을 타고 내려갔으며 한 명은 아폴로에 남아 있었다. 탐사가 끝난 후에는 다시 아폴로와 도

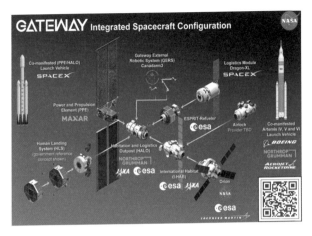

아르테미스는 '루나 게이트웨이' 구축을 목표로 한다. 말 그대로 '루나', 지구가 아니라 달에 우주정거장을 건설하는 것이다. (출처 : 나사)

킹해서 지구로 돌아왔다.

　　루나 게이트웨이 건설이 끝나면 우주비행사들은 달에 가기 전 이곳에 도착해 우주선을 도킹시켜놓고 장비와 물자를 보급받아 탐사선만 가지고 달에 내려갈 수 있게 된다. 루나 게이트웨이가 본격적으로 건설되는 건 2025년 이후로 보고 있다.

　　셋째, **민간 기업의 참여**다. 이미 플랜 문서에 있듯 스페이스 X를 비롯해 여러 우주 기업의 참여가 두드러진다. 나사 같은 곳은 총괄 책임과 우주를 연구하는 역할을 맡으며, 많은 비용이 드는 우주 화물 수송 같은 부분은 민간에 적극적으로 맡기겠다는 이야기다. 수많은 기업이 새로운 먹거리를 달에서 찾는 이유이기도 하다.

연도별 진행예정 사항

계획은 언제든 달라질 수 있다. 중요한 건 달에 가는 것이지, 그 시기를 무리해서 앞당길 필요는 없기 때문이다. 앞에서 아폴로 11호가 착륙하기 전에 계속해서 달로 탐사선을 보내 어디에 착륙해야 할지, 어떻게 도킹해야 할지 등 수많은 테스트를 했듯 아르테미스 역시 마찬가지다.

아르테미스 프로그램이 성공하려면 크게 3가지가 필요하다.

하나는 다시 달로 사람을 보낼 수 있을 정도의 추진력을 가진 커다란 로켓이다. 두 번째는 달에 착륙하기 위한 착륙선이고, 세 번째는 달에 갈 우주인이다.

먼저 우주인부터 보자. 아르테미스 프로그램을 위해 2020년 12월, 18명의 우주인 후보가 선발됐다. 18명의 우주인이 남녀 5:5로 구성된 것도 특징이다. 아폴로 프로그램은 철저하게 남자, 그것도 백인만을 보낸 프로젝트였다. 반면 아르테미스는 유색인종과 여성이 모두 섞여 있다. 이 중 한국계 미국인인 '조니 김'은 캘리포니아 대학교에서 수학을 전공하고, 하버드 대학교에서 의사 학위를 받았으며, 네이비실 장교이기도 한 특이한 이력의 소유자다. 만약 조니 김이 최종적으로 달에 착륙한다면 '김씨'의 착륙을 보게 될 거라는 기대도 있다. 2023년 3월 공개된 아르테미스 2호 비행사 4명에는 들지 못했다.

둘째 로켓이다. 달로 인류를 보낸 첫 번째 로켓 새턴 V를 뛰어넘는 로켓이 필요하다. 이를 위해 나사는 SLS(Space Launch System)라는 이름의 로켓을 준비했다.

SLS는 새턴 V에 비해 작지만 추진력은 4,000t으로 더 높다. (새턴은 3,400t이다.) 이 말은 더 많은 물건을 운송할 수 있음을 뜻한다.

색도 좀 특이한 노란색이다. 보통 우주선과 로켓은 흰색을 사용한다. 새턴 V는 액체 산소를 이용한 데 비해 SLS는 액체 수소를 이용한다. 액체 수소 보관 온도는 영하 250도 아래여야 하기에 극저온 상태를 유지하는 게 힘들다. 노란색은 열을 차단하기 위한 이유다.

2022년 11월 16일 드디어 아르테미스 1호가 무인 우주선으로 발사됐다. 발사 6일째인 11월 21일 달 궤도에 진입했고, 12월 5일부터는 지구로 돌아오기 시작해 12월 11일 안전하게 도착했다. SLS 로켓에 탑재된 '오리온 우주선'은 우주인을 4명 태울 수 있는데 이번에는 마네킹 3개가 실렸다. 이를 통해 인간에게 미칠 수 있는 영향을 미리 측정하기 위해서다.

2025년 9월(2024년 11월에서 연기됐다)에는 아르테미스 2호가 발사될 예정이다. 2호의 가장 큰 특징은 '유인' 우주선, 곧 사람을 태우고 날아간다. 지구에서 출발한 후 달 궤도를 돌아 다시 지구로 귀환하는 '스윙바이' 임무를 수행하게 된다. 우주인은 우주선을 꽉 채운 4명으로 리드 와이즈먼, 빅터 글로버, 크리스티나 코크, 제레미 한센이다. 이 중 크리스티나 코크는 여성 우주인 중 328일간 ISS에 머문 기록을 보유한 여성이다.

1호 발사에 비해 거의 2년이나 걸리게 된 건 여러 이유가 있겠지만 역시 '예산' 문제가 대표적이다. 나사는 1호 발사 때 사용한 부품 일부를 2호에도 사용한다고 했으나 이 경우 점검하고 시험해야 하는 복잡한 절차가 있다. 전체 준비에는 27개월이 소요될 것이라 했기 때문이다. 달에 착륙하는 건 아니지만 사람이 직접 달까지 비행했다가 지구로 돌아오는 정말 오랜만의 임무다.

이제 아르테미스 3호를 이야기하기 전, 로켓과 우

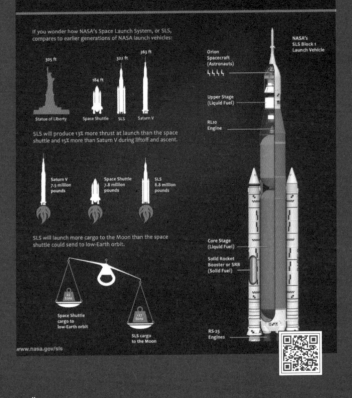

» 2022년 11월 무인 우주선으로 발사된 아르테미스 1호를 위해 나사에서 준비한 로켓 SLS(Space Launch System). (출처 : 나사)

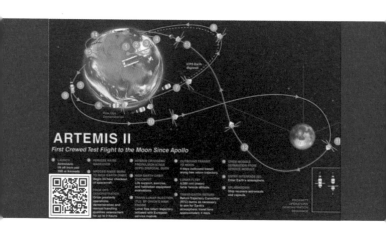

2025년 9월 발사 예정인 아르테미스 2호는 '유인' 우주선으로, 지구에서 출발한 후 달 궤도를 돌아 다시 지구로 귀환하는 '스윙바이' 임무를 수행하게 된다. (출처 : 나사)

주인의 뒤를 이은 세 번째 요소 '착륙선'을 정리해보자. 아르테미스 3호에 사람들이 기대를 모으는 건 3호부터 달의 남극 지역에 직접 착륙하기 때문이다. 4명의 우주인은 달에 착륙한 후 1주일 동안 머물다 지구로 귀환하게 된다. 이 착륙선을 나사에서 직접 개발하지 않고 민간기업에 경쟁을 붙였다. 달 착륙선은 'Human Landing System' 줄여서 HLS라고 부른다. 입찰에는 스페이스 X, 다이네틱스, 내셔널 팀(블루 오리진 컨소시엄)이 경쟁했고 최종적으로 2021년 4월 스페이스 X가 선정됐다.

나사에서 직접 개발하지 않고 민간 기업에 입찰 경쟁을 붙인 달 착륙선 (Human Landing System). 2021년 4월 스페이스 X가 선정됐다. (출처 : 나사)

그런데 달 착륙선은 어떻게 가져갈까? SLS에 탑재해서 가지고 갈까? 아니다. 우주인들이 탑승한 '오리온호'는 나사의 SLS를 타고 달로 가고, HLS는 스페이스 X의 초거대 로켓 '슈퍼헤비'를 타고 따로 간다. 스페이스 X의 거대 우주선을 '스타십'이라 하는데 HLS에 스타십이 쓰이게 된다.

결국 오리온의 우주인들은 스타십으로 갈아탄 후

달에 착륙하게 된다. 여기에서 생각해야 할 두 가지 우려 사항이 있다. 하나는 스타십의 개발 지연이다. 2023년 11월 17일 스타십의 두 번째 시험발사가 있었다. 아쉽게도 궤도까지 오르지는 못했지만 이륙 후 스타십과 추진체 분리에는 성공했다.

아르테미스 3호는 2026년 말 발사를 계획하고 있다. 이때까지 스타십이 안정적으로 서비스할 수 있어야 하는 리스크가 있다. 만약 스타십이 늦어지면 아르테미스 프로그램 역시 전체적으로 늦어지게 된다.

또 하나의 우려는 도킹 방식이다. 스타십은 120m에 7,590t이며 SLS은 98m에 3,900t이다. 스타십이 더 크고 힘이 세다. 처음부터 일론 머스크의 목표는 화성에 있기에 초거대 우주선을 만들어야 하는 건 당연한 일이었다. 그렇다면 지구에서 처음부터 스타십을 타고 달까지 이동해서 착륙하면 되는 일 아닐까? 이런 비난도 있지만 스타십은 이제 시작하는 서비스이고 나사의 우주선은 오랜 기간 경험이 있다는 것을 생각해야 한다. 안정성과 신뢰성이라는 측면에서 아르테미스 3호까지는 SLS를 이용한다.

게다가 스타십에 의존하게 되면 앞으로 모든 달 탐사는 스페이스 X와 단독으로 계약을 해야 한다. 나사는

2023년 아르테미스 5호 달 탐사선 사업자로 '블루 오리진'을 선택했다. 5호 발사는 2029년으로 달 착륙 방식은 스타십과 같다. 이후 6호부터는 둘 중 하나로 경쟁에 맡길 예정이다. 이때가 되면 기술 발전과 경쟁으로 더 낮은 가격에 운영되기를 기대하는 포석이다.

중간인 아르테미스 4호부터는 본격적으로 달 우주정거장 '루나 게이트웨이'를 건설하게 된다. 시기는 2028년 정도로 기대한다. 이때가 되면 우주정거장에서 달 탐사선으로 바로 갈아타게 될 예정이다.

아르테미스 프로그램을 처음 들었을 때 가슴이 두근거렸고, 지금 글을 쓰면서도 두근거린다. 우주에 관심이 없던 독자들도 여기까지 읽었다면 밤하늘에는 별뿐 아니라 수많은 인공위성과 우주정거장이 있다는 사실을 알고 함께 두근거리리라 생각한다. 더 나아가 여기 더해 가장 크고 밝게 빛나는 달에 다시 우리가 간다. 달 우주정거장이 건설된다. 게다가 한 번만 다녀오는 이벤트가 아니다.

달에 기지국이 건설되면 이후 이어지는 건 마치 영화와 소설에서 본 '달 식민지'가 될 것이다. 이미 유럽우주국도 '문 빌리지' 프로젝트로 2030년까지 달에 거주지를 구축하고 2040년까지 100명 이상을 달에 상주시킬 계획을 세웠다.

중국 역시 발빠르게 움직이고 있다. '국제 달 과학 연구기지(ILRS)'라는 계획하에 파키스탄과 벨라루스, 러시아, 남아프리카공화국 등의 나라들이 모이고 있다. 이 프로젝트에 따르면 2035년 중국은 달에 기지를 건설할 예정이다. 이때가 되면 달에서 다시 냉전이 일어나게 될지도 모른다.

이 모든 것을 우리 세대에 직접 눈으로 확인할 수 있게 된다. 지구에서 달까지의 거리 38만 4,400km, 서울에서 뉴욕까지의 거리보다 무려 38배나 더 멀다. 그 달이 이제 손에 잡히고 있다.

 이렇게 가슴을 두근거리게 만드는 우주 프로젝트를 전 세계 많은 나라가 함께 한다는 게 의미있다. 나사는 루나 게이트웨이를 소개한 유튜브 영상 'We go together'(위 큐알 참조)를 공개했다. 우리는 달로, 우주로 함께 간다.

달로 향하는 신나고 즐거운 이야기에서 이제 잠깐 단단한 현실로 돌아와보자.

왜 하필이면 지금 달로 가는 걸까?

미국이야 자신들의 우주 산업 기술이 최고라는 것을 보여주고 유지해야 하니 그렇고, 중국과 러시아도 미국과 상대하는 강대국이니 그렇다 해도 우리나라를 포함해 다른 나라들은 굳이 자국에서 벌어지는 일들로도 바쁜데 달에 투자할 이유가 없다.

아니다. 지금 달로 다시 향하는 3가지 이유가 있다.

다시 달로 가는 3가지 이유 - 문 러시

전 세계 수많은 국가가 달로 향하고 있다. 대표적인 건 역시 미국의 아르테미스 프로그램이다. 여기에 참여하지 않은 나라들은 어떨까? 중국과 러시아. 이 둘이 손을 잡았다. 2021년 중국과 러시아는 '국제 달 과학 연구기지'를 2035년까지 건설하기로 했다. 인도의 움직임도 바쁘다. 2023년 8월 23일 달 탐사선 찬드라얀-3가 달 남극에 착륙했다. 2024년 1월 일본의 달 탐사선도 착륙에 성공했다. 이로써 달에 도달한 나라는 러시아, 미국, 중국, 인도, 일본 5개국이 됐다. 하지만 유인 우주선이 착륙한 건 미국이 유일하다.

왜 이들은 다시 달로 향하는 걸까. 달을 향해 달려가는 '문 러시'가 시작됐고 이 경쟁에서 뒤처져서는 안 되는 3가지 이유가 있기 때문이다.

첫째, 광물자원이다.

전 세계 많은 나라가 달을 향해 달려가는 '문 러시'가 시작됐다.

　　19세기 캘리포니아에서 금이 발견되며 무수히 많은 사람(25만 명 가량)이 캘리포니아를 향해 달려갔다. 물론 역사적으로 보면 금 매장량은 적었다. 하지만 그 일대의 경제와 도시가 발전했고, 리바이스 같은 청바지 회사들이 성장하는 계기가 됐다. 이후 새로운 산업이 관심받을 때마다 자금과 사람이 몰리는 걸 '골드 러시'라 한다.

'문 러시'라고 부르는 건 '금'보다 더 귀한 광물자원이 묻혀 있기 때문이다.

미국 지질조사국(USGS)은 나사, 달 행성연구소와 함께 달 표면지도를 만들어 '달 통합 지질지도'를 2020년 공개했다.

이 중 가장 큰 관심을 모으는 건 헬륨-3다. 간단하게 말하면 헬륨-3는 높은 에너지의 원료로 이론상 1g만 있어도 핵융합을 통해 석탄 40t을 대체할 수 있다.

이렇게 멋진 물질을 왜 지금껏 활용하지 못했을까? 조금 생소할 문과생을 위해 최대한 간단히 정리해보자. 헬륨-3는 태양이 핵융합 반응을 통해 우주에 뿌리는 기체다. 따라서 태양계에 있는 행성들은 이 기체를 표층에 쌓게 된다. 그런데 지구에는 거의 없다. 지구는 '대기'에 둘러싸여 있기 때문이다. 대기와의 마찰로 지구에 오는 헬륨-3는 대부분 타버린다. 달에는 최소 100만t이 매장되어 있을 것으로 예상한다. 헬륨-3로 에너지를 전환하면 무려 1만 년을 사용할 수 있을 거라는 기대도 있다. 이 가치를 돈으로 환산하면 300조 달러, 한화로 40경 원에 가깝다. 엄청나지 않은가.

이외에도 달에는 철, 티타늄이 있고 '희토류'가 있다. 희토류는 전자부품, 디스플레이 제조, 통신장비 등

안 쓰이는 곳이 없다고 해도 좋을 정도로 우리 주변의 거의 모든 장치에 쓰인다. 미국 지질조사국에 따르면 2021년 기준 세계 희토류 생산 60%는 중국에서 담당하고 있다. 이어 미국, 미얀마, 호주에서도 생산하고 있으나 양은 적다. 이유는 처리 과정에서 환경오염 문제가 발생하기 때문이다. 중국이 희토류를 자원 무기로 사용하는 이

유이기도 하다.

만약 달에서 희토류를 정제해 가지고 올 수 있다면
어떨까. 지구 어떤 국가에서 하더라도 환경보호 문제가
나올 수밖에 없다. 하지만 달은 다르다. 물론 우주 보호
문제가 있기는 하지만 희토류가 점점 더 필요해지는 지금
좋은 선택이 될 수밖에 없다.

그런데 달에서 채굴한 광물은 누구의 것일까?

1967년 113개국이 참여한 '우주 조약'에 따르면 우주는 평화적 이용이 기본이 되는 모든 나라의 것이다. 그러나 2015년 오바마 정부는 '상업적 우주 발사 경쟁력법'을 승인한다. 이 법에 따르면 우주에서 민간 기업이 채굴한 광물은 민간 기업에 채굴권이 있다. 한마디로 달에 먼저 도착해서 먼저 채굴하는 사람이 주인이다.

1862년 미국의 홈스테드법을 떠올리게 된다. 미개척지 시대, 사람들을 정착시키기 위해 진행한 법으로 누구나 먼저 신청하면 그곳의 소유자가 될 수 있었다. 이렇듯 달 광물이 민간 소유가 될 수 있다면 국가의 보호 아래 수많은 기업이 경쟁적으로 참여하는 사업이 된다. 머지않은 미래에 '달 광부 모집, 숙식 보장, 1년 근무 후 교대 조건'이라는 광고를 보게 될지도 모른다.

2009년의 영화 〈더 문〉은 달의 헬륨-3 채굴이 배경이다. 여기서 헬륨-3를 채굴하는 건 민간 기업이다. 2009년의 영화가 빠르면 2029년에 현실이 될지 모른다. 겨우 10년 남짓한 미래다. 글로벌 기업들이 달에 관심을 갖는 건 당연한 일이다.

둘째, 국가 간 달을 둘러싼 새로운 경쟁이 시작되었기 때문이다.

앞서 이야기했듯 미국 주도의 아르테미스 프로그램에 참여한 국가 중 중국과 러시아는 없다. 중국은 독자적인 달 우주 기지 건설을 목표로 하고 있으며, 2020년에는 창어 5호를 착륙시키고 달 표면에 중국의 국기 '오성홍기'를 꽂았다. 2024년에는 달의 뒷면에서 샘플을 채취하기 위한 무인 탐사선 창어 6호를 보낼 예정이다.

지금이야 달이라는 거대한 천체에 여러 나라가 가서 깃발을 꽂는 데 문제가 없지만, 본격적으로 기지를 짓기 시작하면, 커지는 각자의 영토 때문에 분쟁이 일어날 수밖에 없다. 열심히 달에 탐사선을 보내는 이유 중 하나는 달 기지 건설에 최적화된 장소 및 광물 채굴 장소를 찾기 위해서이기도 하다.

이 장소가 겹치지 않으면 다행이지만 만약 중국이 먼저 달에 기지를 건설한 후 이곳을 자국 영토라고 주장하며 다른 국가들을 접근 금지시킨다면 어떻게 될까? 미국이 먼저 기지를 지을 경우에도 마찬가지다. 달은 분명 인류 모두의 것이라고 여기지만 현실은 그렇게 이상적이지만은 않다.

이 모든 것은 곧 다가올 미래다. 아직 달에 인류가 다시 착륙하지도 않았고 광물 채굴을 위한 거대한 시설이 들어선 것도 아니다. 하지만 모든 나라가 직접 우주선을 보내서 채굴할 수 없다면 관련된 사업에 일부라도 참여해야 아주 조금이라도 그 과실을 가져갈 수 있다. 미국 주도의 아르테미스 프로그램에 각 국가들이 참여한 건 이 때문이다. 지구에서의 G2 경쟁은 달로 무대를 옮기고 있다. 미국과 중국 두 나라를 두고 많은 나라가 편을 갈라 줄을 서는 상황이다.

셋째, 달 이후 우주 탐험의 시작점이기 때문이다.

달이 종착지가 아니다. 달을 기점으로 가장 가깝게는 '화성'이 목표다.

화성을 향한 인류의 도전은 1960년대부터 계속됐다. 우리가 거주할 수 있는 다음 행성으로 거론되기도 한다. 문제는 거리다. 지구에서 달은 이제 빠르면 3~4일이면 갈 수 있다. 화성은 멀다. 6개월에서 1년이 걸린다. 따라서 연료가 더 많이 필요하다. 그렇다면 달을 정거장으로 해서 지구에서 달까지 간 후 다시 달에서 화성으로 가는 건 어떨까.

이렇게 가면 연료를 더 적게 사용해도 된다. 지구에서 우주로 나아갈 때는 대기와 중력의 저항이 강한 데 비해 달은 대기가 없고 중력 저항이 적기 때문이다. 2019년의 영화 〈애드 아스트라〉에는 주인공 로이 맥브라이드 소령이 달 정거장에서 환승해 화성으로 다시 여행하는 장면이 나온다. 이 장면이 현실화된다면 달은 우주로 나아가는 정거장으로서 확고한 위치를 차지하게 된다. 이 시작점을 놓치고 싶은 국가는 없다.

한국의 달 러시 - 달 탐사 위성과 착륙선

우리나라의 출발은 나쁘지 않다. 아르테미스 프로그램에 10번째로 참여한 공식 국가이며 2022년 8월에는 스페이스 X의 팰컨 9 로켓으로 쏘아 올린 다누리호(다누리는 '달'과 '누리다'의 합성어로 '달을 다 누리고 와라'라는 뜻이다)가 2022년 12월 달 궤도 진입에 성공했다. 전 세계적으로 달을 도는 궤도선을 보낸 7번째 국가가 됐다.

다누리는 2023년 12월까지 1년 동안 달을 돌며 다양한 임무를 수행하는 게 목표다. (2023년 6월 달 탐사 사업 추진위원회에서 다누리의 임무 기간은 2025년 12월까지 3년으로 연장됐다.) 이를 위한 총 6개의 장비가 탑재되어 있다. 달 표면 관측과 착륙 후보지를 촬영하기 위한 고해상도 카메라, 달 표면과 달 주위의 자기장 세기를 측정하기 위한 자기장 측정기, 달 자원 탐사를 위한 감마선 분광기, 세계 최초로 달 표면 편광지도 제작을 위한 광시야

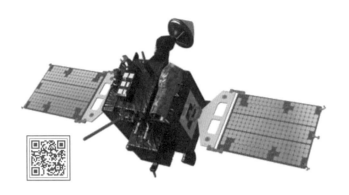

2022년 8월 스페이스 X의 펄컨 9 로켓으로 쏘아 올린 한국의 다누리호. 2022년 12월 달 궤도 진입에 성공함으로써 전 세계적으로 달을 도는 궤도선을 보낸 7번째 국가가 됐다. (출처 : 한국항공우주연구원)

편광 카메라, 지구와 달 궤도선 간 인터넷 연결을 위한 우주 인터넷 탑재체 그리고 얼음이 있을 것으로 추정되는 달 극지역 촬영을 위한 영구음영 카메라다. 이 중 영구음영 카메라는 나사에서 만들었고 나머지 5개는 국내 기술이다.

다누리는 달로 향하는 과정에서 그리고 달에서도 의미 있는 성과들을 냈다.

2022년 8월 26일 다누리는 달과 지구를 일직선으로 놓은 사진을 찍어 전송했다. 우주에서 바라본 달과 지구의 거리가 선명하게 나타난 사진이었다. 2022년 9월

2022년 10월 우주 인터넷의 성능 시험을 위해 다누리호에서 지구로 송출한 BTS의 〈다이나마이트〉 뮤직비디오. (출처 : 한국항공우주연구원)

에는 달이 매일 아침 오전 11시 지구를 공전하는 사진을 찍어 총 31장을 전송했다. 이 역시 말도 안 될 정도로 선명한 사진이었다. 2022년 10월 우주 인터넷의 성능 시험을 위해 다누리호에서 지구로 BTS의 〈다이나마이트〉 뮤직비디오를 송출하는 데 성공했다. 지구로부터 무려 128만km에서 다이나마이트가 꽂혔다.

여기에 이어 2032년에는 달 착륙선을 직접 개발해 달에 착륙하는 게 목표다. 현대자동차 그룹은 국내 한국항공우주연구원를 포함한 6개 연구기관과 함께 '달 탐사 로버' 개발을 시작했다. 이 모든 우주 탐사 프로젝트에는 적절한 '예산'이 필요한데 2023년 10월 30일 '국가 연구개발사업평가 총괄 위원회'에서 10년의 개발 기간, 5,303억 4,000만 원 규모의 달 착륙선 개발 사업이 예비 타당성 조사(예타)를 통과했다. 앞으로 10년 후 태극기를 단 달 착륙선이 달에 내리는 모습을 보게 될지 모른다.

뉴스페이스 시대에 필요한

3가지 요소

타이밍, 자본, 담대한 사업가

1차 달 경쟁에 비해 2차 달 경쟁이 진행되는 동안 확실히 달라진 건 국가 주도에서 민간 기업들의 투자가 가속화되었다는 점이다. 이 과거와 달라진 '뉴스페이스' 시대에 주목해야 할 3가지 요소가 있다.

바로 민간 기업이 뛰어들 수 있게 된 '타이밍', 막대하면서도 '탄탄한 자본', 그리고 끝까지 포기하지 않고 우주 사업을 진행할 신념을 가진 약간은 '미쳐 있는 사업가'다. 하나씩 정리해보자.

첫째, 지금 뉴스페이스 산업을 이끈 건 두 가지의 적절한 '타이밍'이다. 하나는 계속 이야기해온 국가들 간의 새로운 경쟁이 시작되었다는 점이다. 하지만 국가별 우주 예산은 부족하기에 민간 기업의 참여가 필요해진 타이밍이다. 두 번째는 'IT 기술의 폭발적인 발전'이다. 그동안 발달한 기술은 로켓을 발사하는 데 들어가는 비용을 절감시켰고, 인공위성을 만드는 비용을 줄였다.

과거 인공위성을 만드는 방식은 부품을 하나씩 조립하는 가내 수공업 같았다. 지금은 이렇게 해도 되나? 싶을 정도로 마치 자동차를 공장에서 조립하듯 규격화된 인공위성을 찍어내기도 한다. 심지어 3D 프린터로 부품을 만드는 경우도 있다. 부품이 더 좋아지고 작아지다 보니 커피잔 높이 크기의 작은 '큐브 위성'들도 제작되고 있다.

로켓 발사 비용 역시 계속해서 줄어들고 있다. 로켓을 발사한 후 다시 재활용할 수 있는 기술로 발사 비용이 줄었고, 이렇게 줄어든 발사 비용 덕분에 로켓 발사 기술이 없는 국가나 기업도 위성을 만들어 조금은 쉽게 의뢰할 수 있게 됐다. (이 부분은 뒤에서 조금 더 자세히 살펴보자.)

둘째, (많으면 많을수록 좋은) 탄탄한 자본이 필요하다. 우주를 향한 무대가 열렸다고 해도 모든 기업이 참여할 수 있는 건 아니다. 만약 국내 어떤 대기업이 어느 날 갑자기 '우주 산업에 뛰어들겠습니다'라고 선언했다면 그다음은 어떤 일이 벌어지게 될까? 그것도 외국 유망한 우주 산업 회사들에 투자하는 형식이 아니라 직접 공장을 짓고 로켓을 제작해서 우주로 쏘아 올리겠다고 한다면? 바로 다음 날 주가는 떨어지고 주주들은 반대할 것이다. 이유는 분명하다. 앞으로 우주가 돈이 된다고 하지만 투자되는 돈은 지금이고 언제 수익으로 돌아올지 모르기 때문이다.

예를 들어 로켓을 한 번 발사했을 때 소요되는 비용은 1,800억 원가량이다. 이 돈을 투자해서 로켓 발사에 성공하고 새로운 사업을 할 수 있다면 좋다. 그런데 혹시라도 발사 과정에서 터져버리거나, 발사에 성공했지만 바로 추락해버린다면? 1,000억 원이 넘는 돈은 그야말로 공중분해된다. 3번만 발사해도 3,000억 원이다. 이렇기에 로켓 발사는 국가 단위에서 진행하지, 민간 기업이 진행하기는 어려운 일이었다.

하지만 민간 기업이 정말 단단한 강심장으로 돈을 제대로 태우기로 결심한다면 다른 어떤 민간 기업도 쫓아오기 힘든 기술적인 경쟁력을 가질 수 있게 된다. 이러한 결정을 내리는 데 필요한 강력한 요소가 있다.

바로 끝까지 밀고 나갈 수 있는 담대한 사업가다. 주

주들이 반대하더라도 사업을 이끌고나가야 하며, 어느 정도 성공하기까지 자신이 가진 돈을 투자할 만한 재력도 있어야 한다. 이런 사람이 있을까? 물론이다. 그것도 한둘이 아니다.

이들이 '슈퍼 리치'이고, 이들의 투자가 뉴스페이스 시대를 앞당겼다. 돈을 가진 부자는 많지만 우주를 향한 꿈에 기꺼이 자신의 돈을 매일매일 태운 이들 중 지금부터 우리가 기억해야 할 사람은 셋이다. 언젠가 화성으로 갈 남자 '일론 머스크', 아마존 창업자 '제프 베이조스', 상상하는 모든 것을 현실로 만들어가는 남자 버진 그룹의 '리처드 브랜슨'이다.

모든 사업이 그렇듯 세상은 도전한 사람이 아니라 '성공한 사람'만을 기억한다. 이들의 이름을 알아야 하는 건 부자들의 놀이 혹은 '로망'에 그친 게 아니라 '성과'를 냈고 성공하고 있기 때문이다.

이제 시작된 뉴스페이스 시대 우주 사업들은 어떤 것이 있을까. 여기서는 총 5가지 사업에 주목하고자 한다. 꽤 멀게 느껴지는 사업으로는 우주 쓰레기 수거와 우주 광물 채취, 가까운 사업으로는 우주여행, 바로 눈 앞에서 펼쳐지고 있는 사업은 로켓 배송과 우주 인터넷이다. 지금부터 조금 더 자세하게 하나씩 알아보자.

PART 02

로켓
배송의

시대가
왔다

로켓
배송이

시작되다

로켓으로 우주에 물건을 보내다

　로켓 배송? 마치 로켓처럼 빠르게 배송해주겠다는 쿠팡의 서비스명이다. 그런데 지금부터 이야기할 '로켓 배송'은 비유가 아닌 실제다. 우주 어디든 로켓으로 물건을 배송해주는 사업은 이미 시작됐다.

　이렇게 생각해보자. 지상에서 로켓을 쏘면 대기권을 뚫고 우주로 올라간다. 이때의 로켓을 '택배 차량'이라 생각하자. 여기에 '위성'을 탑재하면 우주 궤도에 위성을 배달하게 되고 달 착륙선을 탑재하면 달 착륙선 배달, 그러면 안 되겠지만 탄도 미사일을 올리면 미사일 배달이 된다.

다시 택배 비유로 돌아가보자. 우주로 자신이 원하는 물건을 배달할 수 있는 방법은 직접 배송과 위탁 배송이 있다. 누군가에게 물건을 전달해야 할 때 자신의 차를 가지고 간다면 원하는 시간에 원하는 장소에 배달할 수 있다는 장점이 있다. 하지만 '자기 차'를 구매해야 하는 비용이 꽤 크다. 그렇기에 비용만 따져서는 몇 번만 배달하면 적자고, 자주 배달해야 비용과 시간을 절감할 수 있다. 혹은 한 번 배달할 때마다 배달 비용을 비싸게 받아야 한다.

두 번째 방법은 위탁이다. 예를 들어 택배 상자에 넣은 후 편의점에 맡기는 걸 생각해보자. 당신의 물건은 택배회사에서 알아서 배달해주니 당신은 그 시간에 다른 일을 하면 된다. '자기 차'를 구입하는 것에 비해 훨씬 저렴하다.

로켓 사업도 마찬가지다. 우주에 자주 무언가를 쏘아 올려서 사업을 해야 한다면 직접 하는 게 낫다. 그게 아니면 위탁을 맡기는 게 비용 면에서 확실히 저렴하다. 그런데 로켓에 화물을 실어 발사하는 비용은 얼마나 될까?

지금은 운영하지 않는 나사의 우주 왕복선은 회당

약 17억 8,000만 달러(약 2조 1,000억 원)의 비용이 들었다. 이를 1kg당 비용으로 환산하면 약 6만 5,000달러(약 7,800만 원)가 된다. 어마어마한 금액이다. 겨우 1kg에 7,800만 원이 든다! ISS(국제우주정거장)에 물자를 보내는 데 회당 2조 1,000억 원은 감당하기 힘든 금액이다. 《마션》의 작가 앤디 위어의 또 다른 소설 《아르테미스》의 무대는 '달'이며 '달 거주지'에 살아가는 사람들의 이야기다. 이곳에는 SLG라는 이름의 '달 화폐'가 쓰이는데 1SLG는 지구에서 달까지 1kg을 운송하는 비용으로 계산된다. 우주에서 1kg은 그만큼 중요한 의미를 가진다.

계속 이 가격이 유지된다면 로켓을 발사하고 유지하는 건 적자 산업일 수밖에 없다. 미국이 우주 왕복선을 퇴출시킨 이유도 결국 '비용'을 감당하기 어려웠기 때문 아닌가. 하지만 반대로 이 비용을 줄일 수 있다면 우주를 무대로 다양한 사업과 실험을 하고 싶은 국가와 기업은 기회를 얻을 수 있다.

언제나 그렇듯 기술의 발전은 가격을 떨어트릴 수 있다. 민간 기업이 뛰어들어 '뉴스페이스'의 혁신을 일으킨 가장 큰 분야가 바로 로켓 분야다. 여기서 우리는 두 회사에 집중해서 이야기를 이어가자. 바로 일론 머스크의 스페이스 X와 제프 베이조스의 블루 오리진이다.

스페이스 X

—
로켓
배송의
시대를 열다

Space X

이상한 기업 스페이스 X의 시작

2023년 스페이스 X는 1분기 흑자 전환에 성공했다. 매출은 15억 달러, 순이익 5,500만 달러가량이었다. 기업에서 흑자를 내야 하는 건 당연한 일인데 이게 의미 있는 이유는 로켓 사업은 꾸준히 돈을 태워야 하는 적자 사업이었기 때문이다. 스페이스 X는 더 심했다. 정부 주도의 사업도 아니고, 지원을 받아 설립된 회사도 아니라 일론 머스크 개인의 자금으로 운영하는 회사였기 때문이다. 적자 폭도 컸다. 2021년에는 9억 6,800만 달러,

2022년은 5억 5,900만 달러 적자를 기록해 곧 파산할 것처럼 보였다.

그런데 어떻게 돈을 벌게 되었을까? 두 가지 이유가 있다. 하나는 회사 설립 초기에는 지속적인 개발을 위해 투자 비용을 써야 했지만 이제는 어느 정도 안정화되었기에 들어가는 비용이 줄어들었다는 점이다. 두 번째는 나사와의 계약, 다른 국가나 기업과의 계약을 통해 벌어들이는 매출이 점점 증가했기 때문이다.

스페이스 X는 어떤 회사일까? 일론 머스크를 좋아하고 우주에 대한 이야기를 좋아하는 사람이라면 당연히 잘 아는 회사이고, 그렇지 않다면 모르는 게 당연한 회사다. 하지만 우주 산업을 이해하고 싶다면 앞으로는 절대로 어떤 작은 이야기라도 놓쳐서는 안 되는 회사다.

지금부터 알아보자.

일론 머스크 하면 으레 따라오는 수식어는 '화성'이다. 누군가 "나는 언젠가 화성으로 가겠다"라고 말하면 "그래. 열심히 해봐"라며 무시당하기 쉽다. 그런데 지금 일론 머스크가 "화성에 가겠다"라고 하면 다르다. 아무도 비웃지 않는다. 오히려 "언제 가능하죠?"라고 '시기'를 묻는다. 우리는 이제 화성으로 갈 수 있는지 아닌지를 묻지 않는다. 화성에 가는 건 당연한 일이고 '언제'냐가

일론 머스크의 우주 기업 '스페이스 X'의 초거대 우주선 '스타십'.
(출처 :스페이스 X)

관심사가 됐다.

'왜 화성에 가야 할까?' '어떻게 화성에 갈 수 있을
까?' 이 두 가지가 궁금해진다. 먼저 '어떻게'부터 생각
해보자. 화성에 가기 위해서는 '로켓'이 필요하다. 지금
보다 더 큰 로켓, 더 장거리를 갈 수 있는 어마어마하게 큰
로켓이 필요하다. 이 로켓을 만들기 위해 일론 머스크가
설립한 회사가 '스페이스 X'다.

이제 '왜'를 해결해보자. 산악인들에게 '왜 산에 오
르냐'라고 묻는다면 '산이 거기 있으니까'라는 대답을 들

게 되듯, 우주에 관심이 많은 사람에게 '왜 화성에 가느냐'라고 물으면 '거기에 있으니까'라는 대답을 듣게 될지 모른다. 하지만 그렇게 대답하기에 화성은 너무 멀다.

일론 머스크는 뭐라고 했을까? '인류를 구하기 위해서'다. 와! 한껏 멋부리며 까칠한 대답을 하는 중2병에 걸린 아이 같은 대답이다. 그런데 뭐든지 실제로 해내는 일론 머스크다. 조금 더 들어보자.

"지구는 인류 때문에 점점 병들고 있다. 인류 전체가 갈 수는 없더라도 인류 자체를 살아남게 하기 위해서는 다른 행성으로 이주를 시작해야 하고, 다행성종이 되어야 한다." 훨씬 더 설득된다.

2001년 머스크는 나사(NASA) 사이트에서 '화성 탐사 계획'을 찾았다. 분명 그와 같은 해결책을 나사도 가지고 있을 거라는 생각에서였다. 하지만 그가 원하던 '화성 탐사 일정'은 찾을 수 없었다. 충격을 받은 머스크는 '우주'를 공부하기 위해 다양한 세미나에 참석하고 로켓에 대한 매뉴얼을 찾아 읽으며 사람들에게 '화성 식민지를 건설할 계획'을 이야기하기 시작했다. 머스크가 이야기한 약속의 날은 2050년이다. 이에 따르면 적어도 30년 후 화성에는 100~200명이 아니라 백만 명 이상이 거주할 수 있을 것 같다. 일론 머스크의 가장 큰 장점은 행동력이 빠르다는 점이다. 1년이 지난 2002년 바로 우주 기업 스페이스 X를 설립했다.

전 세계가 특히 우리나라에서 2002년 월드컵에 모두가 열광하던 때 일론 머스크는 화성을 향해 움직였다. 테슬라로 전기차 혁신을 주도하던 머스크가 우주로 곁눈질을 했다고 생각했다면 틀렸다. 테슬라의 CEO가 된 건 2008년의 일이다. 일론 머스크의 관심은 전기차보다 우주였다.

하지만 처음부터 화성에 직접 사람을 보낼 생각을 한 건 아니다. 화성에 대한 대중의 관심을 키워서 나사의 우주 기금에도 더 많은 돈을 모으게 하는 등 관련 사업을 후원하는 쪽을 먼저 추진했다. 그래서 먼저 화성에 '쥐'를 보내는 소형 로켓을 만들려고 생각했다. 문제는 쥐를 보내고 그 모습을 지구로 송출했는데 언젠가 쥐가 죽는 모습을 보이면 기업 이미지에 문제가 될 수 있다. 따라서 생명체가 아니라 '작은 온실'을 보내 화성의 온실을 만드는 '오아시스' 프로젝트로 선회했다. 다만 이마저도 비용 문제로 직접 회사를 차리는 게 낫겠다는 결론을 내리게 된다.

우주 프로젝트를 진행하기 위해 가장 먼저 필요한 건 '로켓'이었다. 로켓을 구하기 위해 사방팔방 뛰어다녔

으나 미국 내에서는 찾을 수 없었다. 결국 머스크는 중고로 나온 러시아의 대륙간 탄도 미사일을 구하려 했다. 로켓을 쉽게 구매할 수 없는 이유도 로켓은 미사일과 연결되기 때문이다. 여러 번 러시아 측 판매자들을 만났지만 너무 비싼 가격에 협상은 이뤄지지 않았다.

로켓을 살 수 없다면 간단한 해결책이 있다. 직접 만들면 된다. 일론 머스크는 로켓에 대해 하나씩 공부해나가며 스프레드 시트를 열고 로켓을 만드는 데 필요한 원가를 계산했다. 결론이 났다. 직접 만드는 게 더 저렴했다. 2002년 5월 스페이스 X를 설립했고 첫 프레젠테이션에서 2003년에는 로켓 발사를, 2010년에는 화성에 무인 탐사선을 보낼 것이라 말했다. 그리고 1년 후 스페이스 X의 첫 로켓 '팰컨 1호'가 세상에 나왔다. (2020년을 넘기면서도 아직까지 화성에는 탐사선을 보내지 못했다.)

로켓을 직접 만든다는 건 정말 어려운 일이다. 비용만 따져서는 다른 로켓 회사에 부탁해서 인공위성이나 탐사선을 쏘아 올리는 게 낫다. 하지만 이렇게 되면 매번 로켓 발사가 필요할 때마다 번호표를 들고 기다려야 한다. 급하게 차가 필요할 때 주차장에서 자차를 이용하느냐 근처 공유주차장에서 공유차량을 이용하느냐와도 같다. 게다가 언제든 자신이 원할 때 쏘아 올릴 수 있는 장점 외에도 '확장성과 유연성'이라는 장점이 있다.

　　모든 부품을 직접 만들지 않더라도 핵심기술과 관련된 것을 통제, 관리할 수만 있다면 어느 정도 기술이 완성된 이후에는 얼마든지 비용을 절감할 수 있다.

　　문제는 또 돈이다. 로켓이 돈을 벌기 전까지는 끊임없이 돈을 투자해야 한다. 더 많은 돈을 쓰기 위해서는 더 많은 돈을 벌어야 한다. 가장 많은 돈을 우주에 투자하는 곳, 나사의 눈을 끌어야 했다. 일론 머스크 전기에 따르면 2003년 12월 머스크는 7층 높이 크기의 팰컨 1호를 로스앤젤레스에서 워싱턴까지 가져가 국립항공우주박물관 밖에서 공개했다. 나사와 대중의 관심을 확실히 끈 성공적인 이벤트였다. 하지만 나사는 이미 오래도록 거래하던 곳들이 있다. 일론 머스크는 조금 더 공격적으로 나갔다. 기존의 회사들을 대상으로 '소송'을 시작했다. 회사뿐이 아니다. 2004년에는 미국 회계감사원(GAO)에 나사를 상대로 한 소송을 걸었다. 이유는 나사의 계약이 '수의 계약'이라는 것. 공개 입찰절차를 거치지 않고 나사에서 정한 회사인 키슬러 에어로스페이스와 2억 2,700만 달러의 계약을 바로 맺었기 때문이다.

　　이 소송을 다윗과 골리앗의 싸움이라고도 한다. 생각해보자. 국내에서 어떤 대기업이 다른 회사와 계약을 체결하기로 했는데 이에 대해서 작은 스타트업이 '이건 부당합니다!'라면서 법원에 불공정거래로 고소한 것과 같다. 이 경우 보통 승자는 대기업이고 스타트업은 그 대기업과는 물론 그 어떤 다른 회사들과도 계약을 맺지 못하게 된다.(분명 잘못된 일이다.) 그런데 결과는 달랐다. 나사는 키슬러 에어로스페이스와의 계약을 철회했다. 만약 이런 식으로 부당하다고 생각하던 것들에 대해 하나하나 싸우지 않았다면 스페이스 X는 어떤 계약도 따내지 못한 채 자금 압박으로 사라졌을지도 모른다

일론 머스크의 싸움은 성공했다.

2011년 나사는 우주 왕복선 스페이스 셔틀 프로그램을 종료한다. 왕복선을 이용하는 데 드는 비용 문제 때문이었는데, 스페이스 셔틀을 사용하지 않더라도 국제우주정거장에는 물건과 사람을 배달해야 했다. 나사가 선택한 건 러시아의 소유즈 로켓이다. 미국 입장에서 자기 나라의 로켓과 우주선이 아니라 한때 경쟁하던 러시아의 우주선을 사용해야 한다는 건 꽤 자존심 상하는 일이었으리라.

나사는 COTS라는 이름의 상업용 궤도 운송 서비스 사업, 곧 민간 기업의 로켓으로 우주에 배송을 하는 프로그램을 계획했고 2006년 1월 공고한다. 한마디로 이 사

업을 할 수 있는 회사들이 성장할 수 있게 투자하겠다는 이야기다. 역시 사업은 노력이 기본이지만 적절한 타이밍과 운이 따라야 한다는 걸 알 수 있다. 스페이스 X에는 또 하나의 기회가 왔다.

COTS 프로그램에는 20개 넘는 회사가 제안서를 냈다. 이 중에서 최종 선정된 회사는 스페이스 X와 오비털 사이언스다. 스페이스 X는 2억 8,000만 달러, 한화로 약 3,700억 원의 계약을 체결했다. 스페이스 X의 가장 큰 첫 번째 성과였다.

하지만 이 돈이 바로 회사에 들어오는 건 아니다. 일단 로켓 발사에 성공해서 우주 궤도에 올리지 않으면 의미가 없다. 2006년 3월 팰컨 1호의 첫 번째 발사가 실패하게 된다. 2007년 3월 두 번째 발사도 실패했다. 1년을 조금 넘겨 세 번째 발사가 시작됐다. 2008년 8월, 이번 발사는 대기권에도 도달하지 못하고 바다로 추락했다. 급기야 자금 한계로 스페이스 X는 파산 위기에 처한다. 문제가 또 있다. 일론 머스크가 하는 또 다른 사업인 테슬라 역시 적자였고 여기서도 자금 압박이 이어졌다. 머스크에게는 최악의 순간이었다.

그럼에도 일론 머스크는 직원들 앞에서는 '절대로 포기하지 않는다'라고 말했다. 그리고 6주 안에 네 번째 로켓을 발사하기로 한다. 결국 9월! 로켓은 성공적으로 궤도에 도달했고 이를 기점으로 민간 기업 중에서는 궤도에 도달한 첫 번째 기업이 됐다.

실패와 실패와 실패, 그리고 성공. 이것만으로도 어마어마한 스토리였다. 나사와 계약했다고는 하지만 이 계약은 성공 보수금에 가까웠기에 자금의 대부분은 일론 머스크의 돈이었다. 한순간에 모든 것을 잃을 수도 있는 도전이었다.

같은 해 12월, 나사는 스페이스 X와 CRS라는 이름의 우주정거장에 12번 배송을 하는 재보급 계약을 16억 달러에 체결한다. 스페이스 X는 살아남을 수 있었고, 일론 머스크는 나사와의 계약을 크리스마스 선물이라고까지 이야기했다. 계속해서 투자금과 경험이 쌓이며 스페이스 X는 더 크게 성장한다.

스페이스 X의 히스토리 중 가장 인상적인 장면은 2010년 오바마 대통령의 방문이었다. 오바마는 앞으로 미국 정부 차원에서 로켓 발사를 추진하기보다 상업회사들과 추진하기로 발표한다. 그리고 스페이스 X로 이동해 머스크와 함께 로켓 '팰컨 9' 주위를 걸으며 이야기를 나눴다. 젊은 대통령과 젊은 기업가. 우주를 향한 뉴스페이스, 시대 변화를 보여주는 순간이었다.

하지만 우리가 알고 있듯 일론 머스크의 비전은 로켓 배송 사업을 하는 게 아니다. 그의 목표는 '화성'이고 화성으로 가기 위해 로켓을 만들었다. 그런데 문제가 있다. 화성으로 가는 건 좋은데 어떻게 돌아올 것인가. 지구에서 화성으로 로켓이 간 다음 돌아올 수 없는 편도행이라면 화성에 가기로 결심하는 사람은 줄어들게 된다. 비용도 문제다. 비행기도 왕복보다 편도가 비싸다. 로켓 비용을 낮추기 위해서는 제작, 발사 비용을 낮춰야 한다. 이것보다 더 큰 비용 절감이 필요했다. 바로 쏘아 올린 로켓의 재활용이다.

로켓 다시 날리다 – 재활용 로켓

여기서 말하는 로켓 재활용은 로켓 전체가 다시 돌아오는 걸 말하는 건 아니다. 로켓이 우주로 날아가는 모습을 생각해보자. 지상에서 점화된 후 1단 로켓이 분리되고 2단 로켓이 분리되며 마지막으로 맨 윗부분인 '페이로드'가 우주로 향한다. 생수병을 예로 들면 맨 위 뚜껑만 날아가는 것과 같다.

여기에 해당하는 부분은 겨우 1/4가량이며, 나머지

는 보통 바다로 추락한다. 최대한 수거해서 로켓을 다시 사용한다고 해도 제작 비용은 비싸질 수밖에 없다. 그런데 생각해보자.

만약 서울에서 뉴욕까지 가는 비행기가 있는데, 편도로 가기만 하고 뉴욕에서 버려진다면 어떨까. 당연히 비행기 값은 비싸질 수밖에 없다. 지금 외국여행 비용이 저렴한 이유는 몇 번이고 많은 승객을 태워서 재활용하기 때문이다. 마찬가지다. 로켓을 발사하고 난 후에 1단과 2단 추진체에 해당하는 로켓들을 재활용할 수 있다면 어떨까. 우주 공간으로 페이로드를 쏘아 올린 후 다시 돌아올 수 있다면? 그렇게 되면 앞부분만 갈아끼워서 발사하면 되니 비용은 절감될 수밖에 없다.

과연 가능할까? 지상에서 동시에 거대한 로켓을 점화해 발사하는 것도 어려운데, 이 로켓을 역추진시켜 한 치의 오차도 없이 발사한 곳으로 돌아오게 하는 일이 가능할까? 이 어려운 걸 '스페이스 X'가 해냈다. 2015년 12월 21일 '팰컨 9'은 발사 후 위성을 궤도에 올리고 1차 부스터를 돌려 수직 착륙하는 데 성공했다. 팰컨 9은 팰컨 1보다 2배 이상 컸고, 10배 더 강력했으며, 12배 더 무거웠다. 당시 영상을 유튜브에서 찾아보면 다시 봐도 놀랍다. 마치 영화를 거꾸로 돌린 것 같다. 우주 산업에 새로

발사 후 위성을 궤도에 올리고 1차 부스터가 돌아와 수직 착륙하는
'팰컨 9'. (출처 : 스페이스 X)

운 장이 열리는 순간이었다.

2019년 3월 나사와 스페이스 X는 국제우주정거장
운송 사업을 계약한다. 이번 계약은 그냥 물건 수송이 아
니라 사람을 수송하는 일이다. 2020년부터 2024년까지
여섯 번 유인 우주선을 발사하는 계약이다.

2020년 5월 드디어 9년간 중단된 유인 우주 왕복
선 프로그램이 스페이스 X를 통해 다시 시작됐다. 이름은
'드래건'. 일론 머스크답다는 생각을 하게 만든 건 내부

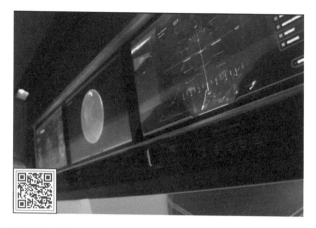

유인 우주 왕복선 '드래건' 내부. (출처 : 스페이스 X)

모습부터다. 보통 우주선 내부는 각종 스위치와 버튼으로 가득 차 있어서 일반인은 무엇을 눌러야 할지도 모르고, 조종사들 역시 오랜 시간 동안 사용법을 익혀야 한다. 그런데 드래건의 조종석에는 터치 스크린밖에 없다.

우주복 역시 그동안 영화에서 본 무거운 슈트가 아니라 스페이스 X와 나사에서 공동 개발한 매끈해 보이는 우주복이었다. 우주로 발사된 드래곤은 성공적으로 5월 31일 우주정거장에 도킹했고 3개월 후 우주비행사 2명을 지구로 귀환시키는 데 성공했다.

미국은 스페이스 셔틀 은퇴 후 러시아의 우주선을

이용하던 서러움을 이겨낼 수 있게 됐다. 감정적으로는 서러움이지만 비용 절감도 만만치 않았다. 그동안 미국이 러시아에 지불한 금액은 1인당 약 8,600만 달러(약 1,062억 원)였다. 하지만 나사가 2019년 스페이스 X와 보잉(보잉은 결국 발사에 성공하지 못했다)에 계약한 금액은 스페이스 X 26억 달러(약 3조 2,000억 원), 보잉 49억 달러(약 6조 500억 원)였기에 나사는 1인당 5,500만 달러(약 668억 원)로 비용을 60% 절감하게 됐다.

이로써 스페이스 X는 로켓을 이용한 우주 운송 사업의 선두주자가 될 수 있었다. 물론 스페이스 X가 쏘아 올리는 게 나사의 물건만은 아니다. 원웹, 텔레셋, 유럽우주국(ESA), 일본우주항공연구개발기구(JAXA) 그리고 우리나라의 군 정찰위성도 스페이스 X를 통해 11월 우주 궤도로 발사됐다.

이제 스페이스 X는 아주 커다란 발사체 로켓을 준비 중이다. 화성으로 인간을 보내기 위해 필요한 강력한 로켓 '스타십'이다.

스타십의 길이는 부스터인 슈퍼헤비와 연결 시 120m이고, 직경만 9m다. 엔진만 해도 33개나 된다. 저궤도에 물건을 한 번만 보낸다면 250t, 재활용한다면 150t까지 올릴 수 있다. 무엇보다도 어마어마한 건 탑승

STARSHIP

Starship is the fully reusable spacecraft and second stage of the Starship system. The vehicle comes in several different configurations, offers an integrated payload section and is capable of carrying crew and cargo to Earth orbit, the Moon, Mars and beyond. Starship is also capable of point-to-point transport on Earth, enabling travel to anywhere in the world in one hour or less.

HEIGHT	50 m / 165 ft
DIAMETER	9 m / 29.5 ft
PROPELLANT CAPACITY	1,200 t / 2.6 Mlb
THRUST	1,500 tf / 3.3Mlbf
CAPACITY	100 - 150 t

스페이스 X는 화성으로 인간을 보내기 위해 필요한 강력한 로켓 '스타십'을 준비 중이다. (출처 : 스페이스 X)

인원이다. 한 번에 100명을 태울 수 있는, 말 그대로 우주 기지와도 같다.

아쉽게도 스타십은 2023년 4월 20일 첫 발사에서 4분 만에 공중에서 폭발했다. 비록 폭발하기는 했지만 부스터와 결합된 완전체로 이륙했다. 발사 이후 머스크는 '익사이팅했던 스타십 시험 발사'라며 스페이스 X 팀에 축하하는 트윗을 남겼다.

11월 18일 2차 시험비행이 있었다. 1차에서는 스타십과 슈퍼헤비가 분리되지 않았으나 이번에는 2분 41초 만에 예정대로 분리됐다. 다만 1분 후 슈퍼헤비는 폭발했고 스타십은 148km 높이에서 통제소와 교신이 끊겼다. 스페이스 X는 비행 종료장치를 작동해 폭발시켰다. 이번 실험에도 역시 머스크는 스페이스 X 팀에 축하 메시지를 남겼고 나사 역시 '배움의 기회'였다고 말했다.

만약 우주가 아니라 지구 내에서 스타십으로 배송을 한다면 어떨까? 뉴욕에서 베이징까지 이동하는 데 걸리는 14시간을 30분으로 단축할 수 있다. 배송하는 게 군인과 무기라면 어떨까. '전 세계 어디든 30분 이내 군대 출장 가능!' 충분히 가능하고 두려운 일이다. 2021년 미국 공군은 최대 100t 이상의 화물을 보내는 '로켓 카고' 시스템을 스페이스 X와 협의 중이다.

이제 3~4년 내에 우리는 진짜 '로켓 배송'을 보게 될지 모른다.

스페이스 X의 로켓 기술은 다년간의 경험을 통해 발전했고, 스타십의 발사가 안정적으로 진행된다면 더이상 따라올 경쟁자는 없게 된다. 하지만 경쟁자가 없는 독점 사업은 발전하기 어렵다. 이미 스페이스 X보다 2년 먼저 창업한 회사, 제프 베이조스의 '블루 오리진'이 좋은 경쟁자다.

블루 오리진

—

천천히
확실하게
나아가다

Blue
Origin

지구를 안전하게 - 블루 오리진

스페이스 X보다 먼저 설립된 기업인데도 블루 오리진에 대해서는 수년 동안 알려지지 않았다. 이유는 간단하다. 블루 오리진 CEO 제프 베이조스가 원하지 않았기 때문이다.

제프 베이조스는 아마존의 CEO이기 때문에 블루 오리진이 아마존의 자회사가 아니냐는 이야기와 이 역시 부자들의 또 다른 취미 아니냐라는 질문도 있지만 둘 다 아니다. 그 역시 우주에 대해서 누구보다도 진지하다.

제프 베이조스가 우주에 관심을 가진 건 닐 암스트롱의 달 착륙을 본 다섯 살 때부터라고 한다. 고등학교 때는 이미 언론사와 한 인터뷰에서 "지구는 유한하다. 우주로 나가야 한다"고 했다. 다만 우주를 향한 종착지는 일론 머스크와 다르다. 머스크가 화성으로의 이주를 목표로 한다면 제프 베이조스는 '스페이스 콜로니'(우주 식민지)가 목표다.

애니메이션이나 SF 영화에 나올 법한 우주 식민지 건설에 베이조스는 진심이다. 우리가 살고 있는 지구를 떠나는 게 아니라 지구는 영원히 삶의 터전으로 남아야 한다. 그러기 위해서는 푸른 별 지구는 깨끗이 보존해야만 한다. 이를 위해 스페이스 콜로니를 만들고 여기에서 중공업이나 환경오염 문제를 일으킬 수 있는 다른 산업들을 진행하는 걸 생각해왔다.

회사 이름인 '블루 오리진'은 푸른 별 '지구'를 뜻하는 말이다. 그 역시 자기 세대에 이 모든 것을 다 할 수 있을 거라 생각하지는 않는다. 다만 그 토대를 만들어놓겠다는 게 목표다. 이 생각에서 재사용 가능한 로켓과 우주로의 꿈을 심어주는 우주여행, 달에 착륙하기 위한 달 착륙선 '블루 문'을 개발하고 있다.

제프 베이조스 역시 일론 머스크처럼 우주를 향한

'사명감'을 가지고 사업을 진행하는 우주 탐험가다.

블루 오리진도 2009년 나사와 계약을 통해 400만 달러를 투자받는 데 성공했다. 승무원 수송 프로그램에도 참여해서 2010년과 2012년 투자를 받았으나 최종 사업자 선정에는 실패했다. 2015년 11월 블루 오리진은 재활용 가능한 우주선 '뉴셰퍼드'를 발사했고 재착륙에도 성공했다. 100km 상공까지 올라갔다가 다시 지상에 착륙하는 데는 11분 정도가 걸렸다.

2020년 4월 아르테미스 계획의 달 착륙선 사업자 프로그램에 선정되었으나 역시 최종 사업자 선정에 불발됐다. 그러나 드디어 2023년 5월 스페이스 X에 이어 두 번째 달 착륙선 개발사로 선정됐다. 여러 번 실패와 성공을 반복하며 제프 베이조스와 일론 머스크는 우주 전쟁이라 할 만큼 트위터(지금의 X)에서 설전을 벌이는 것으로도 유명하다.

앞서 이야기한 2015년 12월 스페이스 X의 로켓이 재착륙에 성공하자 베이조스는 'Welcome to the club'이라고 올렸다. 베이조스가 이 글을 올린 이유는 한 달 전인 11월 블루 오리진의 뉴셰퍼드가 먼저 재착륙에 성공했기 때문이다. 이때 머스크는 축하 메시지를 쓰면서도 '우주와 궤도(궤도와 준궤도)'의 차이를 명확히 아는 게 중요하다고 말했다.

이건 무슨 소리일까? 먼저 블루 오리진의 로켓을 간단히 살펴보자.

블루 오리진의 로켓

블루 오리진의 로켓은 크게 두 가지로 각각 뉴셰퍼드와 뉴글렌이란 이름을 가지고 있다. '셰퍼드'는 미국의 첫 유인 우주비행을 한 우주비행사 '앨런 셰퍼드'에서 '글렌'은 미국에서 첫 번째로 지구를 한 바퀴 도는 궤도 비행을 수행한 '존 글렌'의 이름에서 따왔다.

뉴셰퍼드는 높이 18m의 로켓으로 크지 않고 추진력도 약하다. 최고도까지 오른 후 상단의 블루 오리진 캡슐을 카르마 라인인 100km까지 올리고 다시 다리를 펴서 지상에 착륙하는 재활용 로켓이다. 이 로켓의 목적은 아직까지는 '우주여행'으로만 알려져 있다.

뉴글렌은 높이 82m로 뉴셰퍼드보다 더 크고 추진력도 더 강하다. 스페이스 X의 큰 로켓인 '팰컨 헤비'보다 크게 만들었는데 몸집이 큰 만큼 팰컨 헤비의 30t보다 더 많은 45t을 우주에 올릴 수 있다.

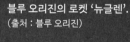

» 블루 오리진의 로켓 '뉴셰퍼드'.
(출처 : 블루 오리진)

» 블루 오리진의 로켓 '뉴글렌'.
(출처 : 블루 오리진)

2012년 개발하기 시작해서 2016년 9월에 공개되었는데, 2단 로켓으로 구상됐다. 1단 로켓은 재사용이 가능한 형태로 역시 비용 절감이 가능하다.

한 번도 제대로 띄우지 않은 상태지만 이 정도 크기 로켓의 '배송력'을 이용하고 싶어 하는 국가나 기업은 많다. 연관 기업인 아마존은 프로젝트 카이퍼(우주 인터넷 부분에서 자세히 언급되어 있다)에 사용할 위성 발사를 계약했다. 2023년 초에는 나사와 '화성 자기권 무인 탐사선' 계약을 맺었다. 이 계약에 따르면 2024년 말 화성 자기권 탐사선 '에스케이페이드(ESCAPADE)' 2기를 뉴글렌에 탑재해 발사한다. 나사 입장에서도 스페이스 X의 스타십에만 의존하는 것보다 블루 오리진이라는 선택지를 하나 더 가져가는 게 좋다.

이제 제프 베이조스와 일론 머스크의 설전으로 돌아가보자.

일론 머스크가 지적한 건 먼저 재활용 로켓을 성공시킨 것은 맞으나 뉴셰퍼드는 우주 궤도까지 오르지 못했기 때문에 기술적으로 스페이스 X가 앞선다는 이야기였다. 반면 제프 베이조스는 그래도 먼저 시작했기 때문에 (재활용) 클럽에 온 걸 환영한다고 이야기하고 있다. 이외에도 블루 오리진은 끊임없이 스페이스 X와 경쟁을 이어

블루 오리진의 달 착륙선 '블루 문'. (출처 : 블루 오리진)

가고 있다.

2021년 블루 오리진은 나사를 상대로 소송을 시작했다. 이유는 달 착륙선 개발 사업자로 '스페이스 X'를 단독 선정했기 때문이다. 사업에 입찰한 블루 오리진, 스페이스 X, 다이네틱스 중 2개 기업을 선정할 계획이었는데 나사는 스페이스 X만 선정했다. 이유는 예산 부족이었다. 이 소송으로 스페이스 X와의 계약과 개발은 중단되었다. 그렇다면 소송에서 이겼으면 좋았는데 블루 오리진이 패소했고 착륙선 개발만 늦어지게 됐다.

블루 오리진 입장에서는 뼈아픈 일들이 계속되었다.

그런데 이 소송과 관련된 이야기는 어디서 많이 들어본 이야기다. 맞다. 바로 앞에서 스페이스 X가 나사를 상대로 벌인 소송과 비슷하다. 그 소송은 결국 스페이스 X가 다음 계약을 따내는 데 도움이 되었다. 이번에도 마찬가지다. 2023년 나사는 유인 달 착륙선 사업에 대한 계약을 다시 경쟁 체제로 바꾸며 블루 오리진을 선정했다. 블루 오리진과의 계약은 34억 달러(약 4조 5,186억 원)다. 그리고 화성 무인 탐사선 계약까지 이어졌다.

아직 스페이스 X에 비해 실질적인 사례는 적지만 2025년 이후 우주를 둘러싼 운송 경쟁은 더 치열해질 예정이다. 생각해보자. 제프 베이조스는 아마존 창업자다. 아마존은 세계 최대의 이커머스 회사이며, 물류 회사다. 배송과 운송만큼 그와 잘 맞는 사업이 있을까. 경쟁은 기술을 발전시키고 가격을 낮춘다. 2025년이 기대되는 이유다.

한국의
발사체

나로호와 누리호

스페이스 X와 블루 오리진에서 보았듯 자체 발사체 (로켓)를 가지고 있으면 확장할 수 있는 사업이 많다. 우리나라 역시 누구보다 열심히 발사체 준비를 해왔다.

1996년 정부는 '국가 우주개발 중장기계획'을 발표했고 2000년에는 '우주개발 중장기 기본계획 수정(안)'을 발표한다. 이에 따르면 2005년까지는 100kg급 저궤도 소형위성 발사체 개발, 2010년까지는 1t급 실용위성 발사체 개발, 2015년까지는 1.5t급 실용위성 발사체를 개발하기로 했다. 2004년 이후 러시아를 파트너로 우주기술 협력 협정을 맺고 기술협력과 함께 개발을 진행한다.

이렇게 시작된 나로호는 아쉽게도 2009년과 2010년 두 번 발사했으나 실패한다. 2013년 1월 30일 드디어 우주 저궤도에 나로 과학위성을 올리는 데 성공했다. 나로호 다음은 '누리호' 개발이었다. 누리호는 1단 로켓까지 국산화하는 계획하에 진행됐다.

누리호는 2021년 10월 11일 1차 발사했으나 45분 만에 추락했다. 8개월 후인 2022년 6월 21일 2차 발사 시도에서는 더미가 아니라 '실제 위성'까지 실어서 발사했다. 드디어 우주 궤도에 1t 이상의 로켓을 올릴 수 있는 세계 7번째 국가(미국, 러시아, EU, 일본, 중국, 인도 다음이다)가 됐다.

물론 비용만 따지면 이제는 안정성과 경쟁성이 입증된 스페이스 X를 이용하는 게 더 낫다. 실제로 '다누리'호도 스페이스 X를 타고 우주로 나가 달로 갔다. 하지만 우리 자체 발사체를 갖는 건 좀 더 큰 의미다.

만약 인공위성 개발을 끝내놓고 이제 우주 궤도에 올리기만 하면 되는데 스페이스 X에서 자체 사정 때문에 뒤로 미루거나 국가 간 제재로 연기된다면 발사 시기도, 기회도, 지연에 따른 비용도 낭비하게 된다.

누리호 다음의 발사체는 저궤도보다 더 높은 '중궤도, 정지궤도'를 노리는 발사체로 이름은 KSLV-III, 아직 정식 이름은 없다. 2032년 개발 완료를 목표로 하며, 앞서 이야기한 한국형 달 착륙선의 발사체로 쓰이게 될 예정이다.

PART 03

저궤도 위성, 우주 인터넷 시대를 열다

저궤도
위성과

우주
인터넷

저궤도 위성이 주목받는 이유

밝은 도시에서는 별을 보기 어렵다. 하지만 조금이
라도 어두운 곳에 가면 하늘을 수놓은 별들을 볼 수 있다.
밤하늘에는 별들만 있는 건 아니다. '인공위성'이 있고
'우주정거장'이 있다. 그런데 얼마나 많은 인공위성이 떠
있을까? 100개? 아니면 여기에 10배를 더한 1,000개?
그보다 훨씬 많다. 2022년 12월 기준(유럽우주국ESA) 이
미 지구 주위에는 14,710개의 인공위성이 돌고 있다.
14,710개는 엄청난 숫자인데, 더 엄청난 건 2008년에

는 겨우 872개에 불과했다는 점이다.

이 중 한 회사의 동일한 기체가 무려 5,000대가 넘게 있다.(2023년 10월 기준) 바로 일론 머스크의 스페이스X에서 만든 위성 '스타링크'다. 이걸로 끝이 아니다. 최종적으로 스타링크 4만 2,000개를 띄우는 것을 목표로 하고 있다. 일론 머스크가 우주를 장악하고 있다는 이야기가 나오는 건 이 때문이다.

만약 어느 날 갑자기 인공위성을 사용할 수 없게 된다면 우리의 하루는 어떻게 될까? 우선 전화와 인터넷을 사용하지 못하게 된다. 먼 곳에 소식을 전하기 위해서는 봉화를 피워야 하고, 전서구를 날려 보내야 한다. 날씨를 알 수 없으니 제대로 경작할 수 없고, 비가 올지 안 올지도 어르신들의 '감'에 의존할 수밖에 없다. 차량이나 선박의 위치도 마찬가지다. 다른 나라에서 오는 물건들이 언제 도착할지도 제대로 알 수 없다. 이외에도 수많은 일상 속 불편함을 넘어 어쩌면 삶은 멈추게 된다.

인터넷을 사용하지 못하는 불편한 곳들은 지금도 있다. 놀랍게도 전 세계 인구 중 37% 이상, 거의 29억 명은 인터넷을 사용하지 못하고 있다. 그런데 만약 이들이 모두 인터넷에 접속할 수 있다면 어떻게 될까. 수많은 사람이 연결되면 수많은 데이터와 수많은 상상이 더해지게 된다. 데이터와 상상은 또 다른 수익으로 이어진다. 국가들과 기업들이 저궤도 인공위성에 관심을 갖는 이유다.

그런데 왜 이렇게 많은 인공위성을 우주에 띄우는 걸까? 결론부터 말하면 '저궤도 인공위성'을 통한 '우주 인터넷' 시대를 열기 위해서다. 우주 인터넷은 우주 산업들 중 일반인에게 가장 가까이 있는 산업이고 무엇보다 가장 돈이 될 수 있는 산업이기도 하다. 지금부터 인공위성과 우주 인터넷에 대해 하나씩 알아보자.

저궤도, 중궤도, 정지궤도, 고궤도의 구분

우선 궤도라는 말은 지구의 주위를 도는 경로를 말한다. 지구에서 얼마나 가까운지 그 거리에 따라 저궤도, 중궤도, 정지궤도, 고궤도로 나뉜다.

저궤도는 200~2,000km를 말한다. 이보다 더 낮은 200~300km 사이를 초저궤도라고도 한다. 이 위치에는 지구를 관측하기 위한 위성이나 정찰위성이 있다. 우주정거장은 350km에 있다. 이외 대부분의 인공위성은 600~800km 사이에 있다. 중궤도는 2,000~3만km로 GPS 같은 항법위성이 있다. 정지궤도는 3만 6,000km,

고궤도는 그 이상이다. 정지궤도에서는 지구의 자전 속도와 같은 속도로 공전을 한다. 때문에 지구에서 보면 항상 같은 위치에 있는 것처럼 보인다. 그래서 정지궤도에는 통신위성이나 기상위성이 있고 우리나라의 '천리안'이 여기에 있다.

저궤도 위성이 할 수 있는 일들

다양한 궤도를 도는 위성들 중에서 가장 크게 주목받는 건 저궤도와 초저궤도 위성이다. 어떤 매력이 있기에 주목해야 하는 걸까. 인공위성이 할 수 있는 일들을 생각해보면 된다. 바로 인터넷 서비스, 지구 관측, 위치 기반 서비스, 군사 목적, 재난관리 및 인프라 감시 등이다.

인공위성은 평소에도 주요 시설을 감시하고 감독하며 홍수나 산불 등 다양한 재난상황에 대비하는 재난관리 역할을 한다. 위치 기반 서비스란 GPS, LBS를 의미하는데 흔히 사용하는 지도 앱, 내비게이션, 실시간 위치 공유 등을 말한다. 군사 목적 역시 중요한 부분이다. 적국의 움직임을 지상에서 파악하는 건 한계가 있다. 하늘에서 살펴도 정찰 중인 비행기는 언제든 요격당할 수 있다. 우주는 다르다. 초속 7.5km로 움직이는 초저궤도 위성은 쉽게 요격할 수 없다. 손이 닿지 않는 곳에서 적국의 일거수일투족을 들여다볼 수 있다면 이것보다 더 무서운 건 없다.

이를 바탕으로 초저궤도–저궤도 위성이 주목받는 이유는 3가지로 볼 수 있다.

첫째, 낮은 고도다. 한마디로 지상에서 더 가깝다. 지상의 상황을 건물 3층에서 내려다보는 것과 100층에서 내려다보는 것을 생각해보자. 지상에 더 가까우면 가까울수록 지상의 상황을 더 가깝게 보고 더 선명하게 파악할 수 있게 된다.

둘째, 지상과 위성이 주고받는 '신호의 지연시간'도 다르다. 인공위성과의 거리가 멀면 멀수록 시간은 길어진다. 신호가 길어지면 음성 신호와 영상 신호 모든 것이 느려진다. 반대로 지상에 더 가깝게 위성을 배치할수록 연결 속도는 더 빨라질 수밖에 없다.

마지막으로 제작 비용이다. 세상 모든 문제는 결국 예산 문제다. IT 기술은 이 비용을 줄여준다. 낮은 고도에 위성을 올리면 더 작게 만들 수 있고 더 가볍게 만들 수 있다. 게다가 저궤도 위성은 한 번에 하나만 올리는 게 아니라 한 번에 많게는 50~60개를 쏘아 올려 궤도에 배치한다. 비용 절감은 어느 회사든 저비용으로 자신만의 인공위성을 쏘아 올릴 수 있게 해준다.

여기서 이어지는 저궤도 위성이 가져오는 매력적인 사업은 '데이터 사업' 그리고 '우주 인터넷' 사업이다.

위성 데이터 사업

한국연구재단의 '위성 영상 데이터 활용을 위한 생태계 조성 및 서비스 구축 방안 연구' 자료를 보면 위성 데이터와 관련한 사업들이 소개되어 있다. 여기서 소개된 위성 데이터를 수익 모델로 하는 회사들을 보자. 아르헨티나 출신 창업자 2명이 설립한 파차마(Pachama)는 위성에서 받은 영상을 인공지능 기술로 분석해 산림을 소유하고 있는 소유주의 탄소 저감 능력과 탄소 배출권을 구매하려는 회사를 중개하는 역할을 한다.

오비탈 인사이트(Orbital Insight)도 재미있는 회사인데, 이 회사는 나사 출신 창업자가 2013년 설립했다.

예를 들어 인공지능으로 위성의 영상을 해석해 유가 및 증권 시장에 예측 솔루션을 판매한다. 한마디로 위성에서 보내온 영상을 해석해 에너지, 부동산, 국방, 소매,

A new way to analyze situations, detect anomalies, and visualize dynamic threats
- globally.

Learn More

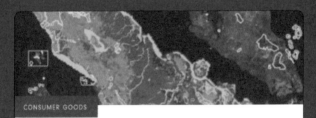

CONSUMER GOODS

Uncover the links in your supply chain and the supply chains of your competitors
to better inform strategic decisions and make more progress against
sustainability goals.

Learn More

»
나사 출신 창업자가 설립한 오비탈 인사이트. 인공지능으로 위성의 영
상을 해석해 유가 및 증권 시장에 예측 솔루션을 판매한다.
(출처 : 오비탈 인사이트)

금융 관련 정보를 가공해 판매하는 일이다. 이런 데이터를 원하는 회사는 많다. 대표적으로 골드만삭스와 쉐브론 같은 글로벌 기업들이 투자했고, MS, 아마존 역시 이들의 고객이다.

어떻게 이런 분석과 예측이 가능할까? 간단하다. 원유 저장탱크의 크기와 높이 변화를 파악하면 재고량을 예측할 수 있다. 부동산의 경우 건물이 지어지는 것들과 건물의 밀집도를 확인할 수 있다. 주차장에 주차된 차량을 분석하면 그 상점의 방문 트래픽을 추정할 수 있다.

가장 크게 관심을 받는 분야는 '군사 목적'이다. 우크라이나와 러시아의 전쟁은 각국의 인공위성 사업을 촉발하는 계기가 됐다. 예를 들어 맥사테크놀로지는 우크라이나 남부 항구도시에 대규모 집단 매장지로 추정되는 장소를 촬영해 공개했고, 이 회사의 대표는 하루 200개 이상의 언론이 우크라이나 관련 영상 제공을 요청한다고 말했다. 4차 산업혁명, 인공지능을 이야기할 때 항상 빠지지 않는 빅데이터는 우주 산업에서도 여전히 돈이 된다.

우리나라 기업들은 어떨까.

2022년 한컴그룹은 스페이스 X의 팰컨 9을 통해 민간위성 '세종 1호'를 발사했고 2024년까지 5기의 인공위성을 발사할 계획이다. 한컴그룹은 자체 인공위성을

SpaceEye-T

30cm 초고해상도 지구관측 상용 위성영상

SpaceEye-T는 쎄트렉아이 그룹이 100% 자체기술과 자본으로 개발한 상용위성으로, 전 세계 지역을 0.3M의 초고해상도로 관찰할 수 있는 광학 위성입니다.

2024년 발사 예정이며 에스아이아이에스를 통해 공식적으로 영상 데이터를 공급받을 수 있습니다.

SpaceEye-T의 발사를 통해, 우리의 미션인 공정한 기회와 가치를 실현하는 데 한 발 더 나아가겠습니다.

국내 기업 쎄트렉아이는 위성 제작에서 판매, 데이터 분석까지 진행하는 소형 인공위성 전문 업체다. (출처 : 쎄트렉아이)

갖추고 데이터 사업을 추진할 것으로 보인다. KT SAT는 정지궤도 통신위성을 갖추고 있으나 별도로 앞서 말한 오비탈 인사이트, 블랙스카이와 손을 잡고 서비스를 도입하고 있다. 소형 인공위성 전문 업체 쎄트렉아이는 위성 제작에서 판매, 데이터 분석까지 진행하고 있다. 2022년 대규모 용량의 위성영상처리를 위해 네이버 클라우드와 손을 잡았고 향후 인공지능 솔루션과의 협업까지 진행할 예정이다.

한화시스템은 자체 제작한 고해상도 지구 관측위성 SAR을 2023년 12월 4일 성공적으로 발사했다. 이를 통해 얻는 지구 관측 데이터로 B2G, B2B 사업에 진출하는 걸 목표로 하고 있다.

직접적으로 위협이 될 수 있는 북한의 인공위성 '만리경 1호'가 2023년 11월 21일 우주 궤도 진입에 성공했고 미국 우주군에서 2023-179A라는 정식 번호를 부여했다. 정상적인 정찰 활동을 수행할 수 있는지는 좀 더 밝혀져야 하지만 군사위성 자체가 위협이 되는 건 분명하다. 우리나라 역시 한국항공우주산업(KAI)에서 12월 2일 스페이스 X를 통해 '정찰위성 1호기'를 발사하는 데 성공했다.

이처럼 저궤도 위성에 대해서는 단순히 위성을 제작하고 발사하는 것을 넘어 위성이 수집한 데이터를 어떻게 가공해서 활용할지에도 관심을 가져야 한다.

저궤도 위성이 가져온

우주 인터넷 시대

지금 우리에게 우주 인터넷이 필요한 이유

지금 우리에게 우주 인터넷이 굳이 필요할까? 지금도 인터넷을 사용하는 데 별다른 어려움이 없는데? 사실 그렇다. 지금은 별로 필요 없어 보인다. 하지만 조금만 앞을 내다보면 다르다. 2019년 4월 3일 SKT는 세계 최초로 5G 상용화 서비스를 시작했다. 5G의 특징은 3가지로 LTE보다 20배 빠른 초고속, 1ms 이하의 끊김 없는 초저지연, 100만 개 이상의 장비들을 연결하는 초연결이다. 그런데 2023년 말까지도 5G 속도는 만족스럽지 못하다.

왜일까? 스마트폰의 시대가 열린 후 3G에서 LTE, 4G로 넘어가던 때를 생각해보자. 이때는 속도 차이가 어마어마했다.

반면 4G에서 5G의 이동은 이렇게까지 극적으로 체감되지는 않았다. 주변을 봐도 빠른 속도 때문에 5G 요금제에 가입했다기보다 대리점에서 새로 스마트폰을 개통할 때 어쩔 수 없이 5G에 가입한 경우가 많았다.

가장 단순하게 생각하면 5G의 속도를 증가시켜주는 기지국이 적기 때문이다. 기지국이 적은 이유는 하나다. 기지국을 세우는 비용 때문이다. 과학기술정보통신부는 2022년 11월에는 KT와 엘지 유플러스에 대해, 2023년 5월에는 SKT의 28GHz 대역의 5G 주파수 할당을 취소하기에 이른다. 2018년 5G에 대해 이동통신사에 주파수 할당을 할 때 3년 안에 3.5GHz 대역 기지국 2만 2,500개와 28GHz 기지국 1만 5,000개를 구축해야 한다는 조건이 있었는데, 28GHz 대역 통신망 설비 구축이 겨우 10%대밖에 되지 않았기 때문이다.

지상에 기지국을 세우려면 그만큼 돈이 많이 든다. 게다가 기껏 돈을 들여 기지국을 만들었더라도 다양한 변수가 생길 수 있다. 2022년 서대문구 KT 지사에서 화재가 발생했다. 이 때문에 인근 지역에서는 인터넷 사용은

국가 간의 인터넷 연결이 이루어지는 '해저 케이블' 지도. 이 케이블들을 통해 90% 이상의 데이터가 전송되며, 전 세계에 있는 해저 케이블의 길이는 100만 km나 된다. (출처 : 텔레지오그래피)

물론 휴대폰 사용 그리고 카드결제도 불가능했다. 천재지변을 포함한 각종 이슈에도 기지국은 취약하다.

　　우리나라와 미국은 어떻게 인터넷이 연결될까? 그만큼 강력한 신호를 보낼 수 있는 기지국이 있는 걸까? 아니면 국가와 국가 간에는 인공위성 인터넷을 사용하는 걸까? 아니다. 수많은 국가 간의 연결은 바닷속 '해저 케이블'을 이용한다. 이 케이블들을 통해 90% 이상의 데이터가 전송된다. 전 세계에 있는 해저 케이블의 길이는 100만 km나 된다. 어마어마한 길이다. 그런데 해저에 케이블을 둔다는 건 안전한 일일까? 물론 설치할 때부터 수많은 변수를 고려해 설치하겠지만 지속적인 훼손은 일어날 수밖에 없다.

이 중 가장 큰 고장은 선박과 낚시 때문에 발생하고, 지진 같은 자연재해, 여기에 상어의 공격으로도 파손될 수 있다. 2022년에는 베트남과 연결되는 5개의 해저 케이블이 문제가 생겨 2023년까지도 수리가 되지 않았다.

해저 케이블 설치와 운영과 수리에는 상당한 비용이 필요한데 이 비용은 각 나라가 분담해서 내고 있다. 가난한 나라들이 해저 케이블을 쓰기 위해서는 다른 국가들의 지원이 필요하다. 일례로 2021년 메타(구 페이스북)는 아라비아만, 인도, 파키스탄까지 '투아프리카(2Africa)'를 연장하는 '펄스' 계획을 발표했다. 투아프리카는 아프리카 대륙의 해안선을 따라 유럽과 중동까지 연결하는 해저 케이블이다. 이를 위한 자금은 메타와 다른 나라의 통신사들이 함께 지원하고 있다.

다시 정리하면 어떤 국가의 전체 인터넷 선을 마비시키고 싶다면 해저 케이블선을 끊으면 된다. 2023년 6월 푸틴 대통령의 최측근이 서방의 "해저 통신 케이블을 파괴할 수도 있다"라고 이야기한 것에 전 세계가 긴장한 이유는 이 때문이다.

이제 해저가 아닌 다른 곳으로 눈을 돌릴 때가 됐다.

기지국을 하늘로 - 프로젝트 룬

아직도 세계 인구의 37%는 인터넷을 사용하지 못한다. 국가별 경제력 이유도 있고, 지역적인 특징도 있기 때문이다. 지상에 기지국을 세우기도 어렵고, 해저 케이블 비용도 내기 어렵다면 아예 '하늘'을 이용하면 어떨까? 이런 생각을 하는 회사들이 있다. 이 중 메타와 구글을 보자.

메타는 2014년부터 '아킬라'라는 이름의 드론 인터넷 프로젝트를 시작했다. '드론'이라고 해서 취미용으로 날리는 드론을 생각해선 안 된다. 날개 길이만 해도 42m에 달하고 무게는 400kg에 가까운 대형 드론이다. 태양광 패널이 장착되어 18~27km 상공에서 3개월간 떠 있게 설계됐다. 아쉽게도 이 프로젝트는 기술적 문제와 자금 문제로 2018년 중단됐다.

구글은 '드론'이 아니라 '룬' 풍선에 관심을 가졌다. 역시 20km 정도 높이인 성층권에서 떠다니게 만드는 건데 태양광을 이용한다는 면에서 아킬라와 비슷했다. 풍선이라고 하면 웃을 수도 있으나 아이들 풍선을 여러 개 매단 게 아니라 높이 12미터가량의 대형 풍선이다. 이름은 '프로젝트 룬'으로 2013년부터 시작했다.

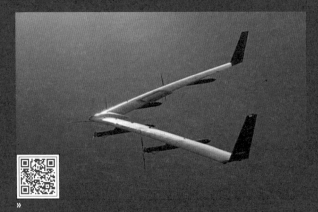

» 메타가 추진한 드론 인터넷 프로젝트 '아킬라'. 날개 길이만 42m에
달하고 무게는 400kg에 가까운 대형 드론이다. (출처 : 메타)

» 구글이 인터넷 서비스를 위해 쏘아 올린 높이 12미터가량의 대형 풍
선. (출처 : 구글)

2020년, 드디어 아프리카 케냐에 서비스를 시작했다. 인터넷 서비스를 위해 쏘아 올린 풍선은 모두 35개로 100일간 상공에 떠 있다가 내려오게 된다. 케냐는 '엠페사'라는 간편결제가 가장 먼저 도입되었을 정도로 IT 기술의 전파가 빠른 곳이기도 해 기대를 모았다. 하지만 이 역시 기술적 문제와 자금 문제로 결국 2021년 종료됐다.

다만 이런 시도가 실패로만 끝난 건 아니다. 프로젝트 룬은 '알리리아(Aalyria)'라는 새로운 이름으로 독립회사로 전환됐다. 미 국방혁신부대(DIU)와 870만 달러(약 121억 원)의 계약을 체결하기에 이른다. 이 회사의 어떤 부분이 관심받은 걸까.

바로 핵심 기술인 타이트빔(Tight beam)과 스페이스 타임(Space time)이다. 무슨 공상과학 영화에 나올 법한 이름이다. 타이트빔은 여러 개 풍선 간의 통신을 위한 레이저 기술로 이 기술이 우주에서 쓰이게 된다.

스페이스 타임은 소프트웨어로 지상 기지국, 항공기, 위성이나 기타 네트워크를 다루는 플랫폼 역할을 한다. 〈블룸버그〉에 따르면 비행기가 위성이나 기지국과 연결이 끊어지려 할 때를 예측해 새로운 신호를 비행기에 전하는 알고리즘이 장점이라 했다. 한마디로 끊김 없이 네트워크에 연결된 상태를 제공하겠다는 걸 말한다.

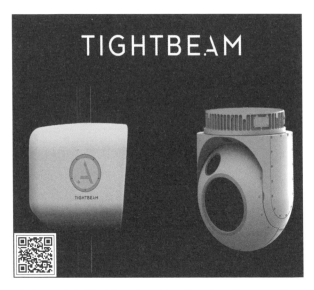

여러 개 풍선 간의 통신을 위한 레이저 기술 타이트빔(Tight beam).
(출처 : 알리리아)

　알리리아 홈페이지에는 미 우주군, 미 공군 등 다양한 국방 관련된 곳들과 계약했음을 알리고 있다. 프로젝트 룬은 종료되었지만 그 기술을 바탕으로 우주, 인공위성과의 연결로 사업을 확장해나가고 있다.

저궤도 우주 인터넷에 주목하다

그런데 이왕 지상이 아니라 하늘에 띄우겠다면 아예 더 높은 '우주'에 띄우는 건 어떨까? 우주에서 지구로 인터넷이 가능하게 만들면 어떨까. 이런 아이디어가 새로운 건 아니다. 유명한 미스터리 드라마 중 하나인 〈로스트〉에는 섬에 갇힌 사람들이 고생 끝에 '위성 전화기'를 발견해 전화하는 장면이 나온다. 이외에도 위성 전화기는 꽤 많은 영화나 드라마에서 등장했는데 하나같이 '어디에서나 터진다'를 강조했지만 '투박하고 무거웠다'.

1998년 '이리듐 위성 별자리 계획'이 모토로라 주도하에 '이리듐 컨소시엄'으로 시작됐다. 이리듐의 원자번호와 같은 77개의 인공위성을 배치해 지구상 어디에서나 서비스가 가능하게 만든다는 전략이었다. 문제는 비싼 단말기 가격과 사용료였다. 초기 단말기 가격은 3,000달러가량에 분당 통화료는 7달러에 육박했다. 3,000달러는 360만 원가량이다. 2023년인 지금은 비싼 스마트폰의 가격이 300만 원 가까우니 그럴 수도 있지만 당시에는 엄청난 금액이었다.

결국 1999년 이리듐은 파산신청을 하고 2001년 이리듐 커뮤니케이션즈로 서비스를 다시 시작해 가격을 낮

췄다. 그렇다면 이 서비스는 누가 이용할까. 당연히 개인보다는 기업과 기관이다. 원양어선이나 장거리 항해를 해야 하는 선박은 안전하게 항해하기 위해 이 서비스에 가입할 수밖에 없다. 현재는 주식시장에 상장되어 있으며 2017년부터 연평균 10% 매출이 상승했고 사용자도 2018년 112만 명, 2019년 130만 명으로 지속적으로 증가해왔다.

이리듐은 지금도 서비스를 계속하고 확장해가는데, 왜 지금 다시 저궤도 우주 인터넷 서비스가 관심받는 걸까. 두 가지 이유가 있다.

하나는 비용(돈)이고 다른 하나는 '일론 머스크'다. 로켓과 위성에 대해 앞에서도 이야기했듯 발사 비용과 제작 비용은 해마다 저렴해지고 있다. 2017년 인도의 19세 대학생이 3D 프린터로 인공위성을 만들어 우주로 발사했다. 무게는 1kg, 크기는 10cm밖에 되지 않았다. 1998년 이리듐 위성의 개발에는 약 300억 원이 쓰였을 것으로 보이나 2023년의 위성들은 6억 원 정도면 충분하다.

우주에 떠 있는 위성은 지구와의 거리가 멀면 멀수록 신호전달에 더 오랜 시간이 걸린다. 대신 고도가 높을수록 한 위성이 커버할 수 있는 영역은 넓다. 그렇기에 통신위성들은 3만 6,000km 궤도의 지구정지궤도에서 지구가 자전하는 것과 정확히 같은 속도로 돈다. 적도면에서 120도 떨어진 위성 세 개로 지구 전체를 커버할 수 있을 정도다.

그렇다면 우주 인터넷의 속도를 높이려면 어떻게 해야 할까? 위성의 고도를 낮추어 초저궤도~저궤도에 띄우면 된다. 그런데 문제가 있다. 고도가 낮아지면 속도는 빨라지지만 한 위성이 커버할 수 있는 영역은 좁아진다. 어떻게 해결할 수 있을까.

인공위성을 더 많이 띄우면 된다. 만약 이렇게 생각했다면 축하한다. 여러분은 우주를 향해 가장 많은 돈을 쓰고 있는 남자, 일론 머스크처럼 생각했기 때문이다. 저궤도에서 운영되는 우주 인터넷을 생각한 사람은 일론 머스크뿐이 아니다. 일론 머스크의 스페이스 X는 '스타링크'라는 이름의 우주 인터넷 프로젝트를 진행하지만, 이보다 앞서 사업을 시작한 곳은 영국의 원웹이었다. 마지막으로 이커머스 기업 아마존의 '프로젝트 카이퍼'가 2023년부터 더 적극적으로 뛰어들었다. 각 회사는 어떤 식으로 사업을 진행하는지 하나씩 살펴보자.

우주
인터넷
시대의

대표
기업들

스타링크 – 스페이스 X의 캐시카우가 되다

스타링크의 탄생

로켓 운송 사업은 일론 머스크에게 꼭 필요한 수익
이지만 안정적이고 지속적인 수익으로 보기에는 힘들다.
큰돈이 한 번씩 들어오는 것보다는 안정적으로 꾸준히 매
출이 이어지는 캐시카우형 사업도 필요하다. 2014년 말
머스크가 눈을 돌린 건 연간 매출 약 1조 달러의 인터넷
서비스 시작이었다. 그리고 1년 뒤인 2015년 스페이스
X의 새로운 사업인 '스타링크(Starlink)'를 론칭했다. 그

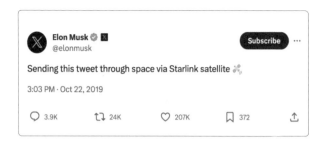

일론 머스크가 스타링크를 통해 보낸 첫 트윗. (출처 : 트위터)

가 초점을 맞춘 건 더 가볍고 더 저렴한 위성으로 제공하는 우주 인터넷이었으며 2018년 2월 프로토타입 2기 발사에 성공한 후 2019년 5월 스타링크 위성 60대를 발사한다. 4개월 후 위성은 정상적으로 작동하기 시작했다.

그 이후 꾸준히 스타링크는 60대가량의 위성을 1년에 13번가량 쏘아 올렸고 지금 이 순간에도 계속되고 있다. 어마어마한 숫자임에도 국내에서는 IT와 우주를 좋아하는 사람에게만 '아 그런 일이 있구나' 했지, 크게 주목받지 못했다. 외국도 마찬가지다. 하지만 달라졌다.

우크라이나 전쟁, 스타링크를 주목시키다

많은 인공위성을 우주에 올려 인터넷 서비스를 한다는 건 지금의 인터넷 서비스 이용보다 더 저렴한 비용에 더 빠른 속도를 제공해준다면 몰라도 일반 사람들에게 관심을 끌기란 어렵다. 지금 당장 인터넷이 잘 터지고 아무 문제가 없는데 굳이 변경할 필요가 있을까. 하지만 분위기가 바뀐 건 2022년이다. 스타링크의 일론 머스크를 '우주의 절대 권력자'라고 부르는 계기가 된 사건이 있었다. 바로 2022년 2월 24일 러시아의 우크라이나 침공이다. 침공 약 1시간 전 러시아는 멀웨어 공격으로 우크라이나에 통신을 제공하는 비아샛 라우터를 공격했다. 전쟁 중 상대방의 통신망을 마비시킬 수 있다면 전쟁에 유리해지는 건 물론이고, 전쟁 내용에 대해 외부, 곧 국제사회에 나가는 정보도 얼마든지 유리하게 바꿀 수 있다. 우크라이나의 선택은 머스크였다.

2월 26일 우크라이나 정부의 미하일 페데로프 장관은 트위터를 통해 일론 머스크에게 DM을 보냈다. 사전에 친분이 있는 것도 아니고, 전화를 한 것도 아니며, 메일을 쓴 것도 아니다. 그저 일론 머스크를 @으로 태그한 다음 '러시아의 공격으로 통신망이 파괴되었고 도움이 필요하다'는 내용을 썼다. 일론 머스크의 반응 역시 즉각적이었다. (10시간 만에) 댓글로 '우크라이나에서 서비스가 실행될 수 있게 하겠다' 이야기했고 스타링크 수신을 위한 단말기 지원을 시작했다. 단말기를 스페이스 X에서 직접 보

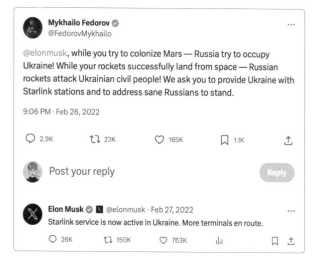

Mykhailo Fedorov ✓
@FedorovMykhailo
...

@elonmusk, while you try to colonize Mars — Russia try to occupy Ukraine! While your rockets successfully land from space — Russian rockets attack Ukrainian civil people! We ask you to provide Ukraine with Starlink stations and to address sane Russians to stand.

9:06 PM · Feb 26, 2022

💬 2.9K   🔁 23K   ♡ 165K   🔖 1.1K   ⬆️

Post your reply   Reply

Elon Musk ✓ ✕ @elonmusk · Feb 27, 2022   ...
Starlink service is now active in Ukraine. More terminals en route.

💬 26K   🔁 150K   ♡ 763K   📊   🔖 ⬆️

러시아 침공 당시 우크라이나 미하일 페데로프 장관이 일론 머스크에게 도움을 요청한 메시지와 '우크라이나에서 서비스가 실행되도록 하겠다'고 한 일론 머스크의 댓글. (출처 : 트위터)

낼 수는 없는 일이다. 500대의 단말기는 이틀 후 미국 국무부가 배송했다.

    또 다른 문제가 생겼다. 우주에서의 인공위성은 자체 전력을 가지고 있지만 지상의 단말기는 '전력'이 필요하다. 전쟁으로 전기가 끊기면 애써 받은 단말기도 사용할 수 없게 된다. 여기서 다시 전력 공급을 위해 테슬라의 파워월과 태양광 패널이 지원됐다.

그런데 생각해보자. 우크라이나 '정부'에서 미국 '정부'에 도움을 요청할 경우 이런 식으로 일이 진행되지는 않는다. 외교 라인을 거쳐 정식으로 도움을 요청하고, 미국은 이에 대한 결정을 내려야 한다. 이렇게만 생각해도 오랜 시간이 걸릴 것은 분명해 보인다. 이 모든 단계를 뛰어넘어 우크라이나 정부가 민간 기업에 요청했고 이를 수락한 건 역사상 거의 처음 있는 일이다.

더 큰 논란은 2023년에 있었다. 월터 아이작슨이 쓴 《일론 머스크》의 내용이 문제였다. 책 출간 전 언론에 스타링크와 관련한 일부 내용이 보도됐다. 이에 따르면 우크라이나 드론 잠수함이 러시아 해군함대를 기습공격했는데 이를 막기 위해 크림반도 일대의 스타링크 위성 인터넷 연결을 끊었다는 이야기였다. 이게 사실이라면 스타링크는 국가 간의 전쟁도 좌지우지할 정도의 힘을 가졌다는 이야기가 된다. 심각한 문제다.

논란이 커지자 아이작슨과 머스크는 "스타링크 연결을 끊은 게 아니라 원래 연결되지 않았던 크림반도 지역에서 계속 연결되지 않게 했던 것뿐이다. 우크라이나를 방해하기 위해 고의로 변경한 건 아니다"라고 정정했으나 논란은 계속됐다. 2023년 초에도 이미 전쟁과 관련된 이슈는 있었다. 우크라이나군은 러시아의 탱크를 공격하는 드론에 스타링크를 활용하고 있었다. 이에 대해 군사적인 목적으로의 스타링크 사용은 협의되지 않았다고 스페이스 X의 그윈 숏웰 사장은 선을 그었다.

스페이스 X가 이렇게 말한 건 러시아를 자극하지 않기 위해서이기도 하다. 러시아는 2022년 10월 미국의 인공위성이 우크라이나를 도울 경우 인공위성을 공격할 수도 있음을 시사했다. 2023년 〈월스트리트 저널〉에 따르면 러시아가 스타링크를 공격하기 위한 무기를 지속적으로 실험한다는 비밀문서가 있고 이 문서가 공개되기도 했다.

누구의 이야기가 사실이고 어디까지 진행되었는지 알 수는 없지만 확실한 건 저궤도 인공위성은 국가 간의 전쟁을 좌지우지할 정도로 강한 영향력이 있음을 보여줬고 이에 전 세계 국가들이 긴장하게 만든 것은 분명했다.

그런데 러시아는 과연 스타링크의 위성을 격추할 수 있었을까? 기술적인 문제는 없다. 다만 앞에서 봤듯 많으면 한 달에 100대가량의 위성을 쏘아 올리는데 여기서 10대 정도를 격추한다고 해도 스타링크 우주 인터넷 서비스에는 문제가 없다.

스타링크 위성의 속도와 비용

스타링크가 제공하는 우주 인터넷의 속도는 어느 정도일까? 측정하는 시점에 따라 달라질 수 있으나 평균 다운로드 속도는 100~200Mbps다. 4G LTE의 평균 속도가 100~500Mbps이니 이것과 큰 차이가 없거나 조금 느리다. '뭐야? 왜 이렇게 느려'라고 할 수도 있다. 하지만 이것도 빨라진 것이다. 스타링크 서비스 초기에는 11~60Mbps에 불과했으니 시간이 지날수록 더 빨라지고 있다. 여기에 기업을 위한 스타링크 비즈니스 서비스는 500Mbps까지 제공하고 있다.

그렇다면 비용은 얼마나 될까. (2023년 말 기준) 매월 내야 하는 사용료는 120달러, 약 16만 원이 넘고, 우주에서 쏘아주는 신호를 수신하기 위한 단말기도 있어야 하는데 이건 600달러, 약 80만 원을 내고 구매해야 한다. 일반인이 사용하기에는 비싼 금액일 수 있다. 특히 국내에서는 스마트폰만 사용한다고 봤을 때 알뜰폰의 저렴한 요금을 따라갈 수 없고 가정에서 이용하는 스마트폰과 인터넷, 인터넷 TV까지 함께 이용하는 요금과 비교해도 매월 16만 원보다는 훨씬 저렴하기 때문이다. 그러나 국내 산간지역과 외국에서 이용하는 경우를 생각하면 다르다. 쉽게 기지국을 세울 수 없는 한라산 꼭대기에 스타링크를 설치하거나 울릉도에서 독도로 가는 배에 스타링크 안테나를 탑재한다면? 작게는 캠핑장에서 매달 16만 원가량의 돈을 내고 스타링크를 도입해 고객을 위한 와이파이 서비스를 제공한다면? 스타링크를 필요로 하는 곳은 많다.

국내에서 스타링크에 주목해야 하는 이유

그런데 '언제 어디서나 잘 터지는 인터넷 시대를 살고 있는 우리나라'에서 스타링크에 주목해야 할까. 스타링크가 처음 서비스를 시작했을 때부터 지켜보며 정말 대단하다는 생각을 했다. 하지만 나 역시 2023년부터 스타링크가 더 크게 성장할 거라고 생각하게 된 건 2022년 중순부터다. 여기에는 3가지 이유가 있다.

첫째, 우크라이나 전쟁 이후 스타링크에 대한 이야기들이 더 많이 노출되는 걸 확인할 수 있다. 아무래도 관심 있는 사람에게만 더 잘 보였을 수 있으나 구글 트렌드로 확인하더라도 2021년에 비해 스타링크의 언급량은 2022년 20배 가깝게 증가했다.

둘째, 스타링크가 사용 가능한 곳을 표시해주는 지도 변화다. 스타링크의 홈페이지에는 MAP이라는 메뉴가 있다. 여기에는 전 세계 지도가 표시되어 있고 현재 서

스타링크가 사용 가능한 곳을 표시해주는 지도. 한국은 2024년 사용 가능 지역으로 나온다. (출처 : 스페이스 X)

비스 중인 곳과 앞으로 서비스될 곳이 나타나 있다. 여기서 한국은 2022년부터 2023년 1분기 사용 가능 지역으로 나왔었다. 1분기면 1월에서 3월 사이다. 그 전에 전혀 언급되지 않았는데 갑작스럽게 국내 서비스를 시작한다는 표시가 먼저 올라왔다. (지금은 2024년 사용 가능 지역으로 나온다.)

셋째, 5G 28GHz에 대한 통신 3사 주파수 할당 취소다. 자연스럽게 이어 나온 말은 국내에서도 제4의 통신사가 나올 수 있다는 이야기였다. 혹시라도 스타링크가 준비 중인 건 아니었을까? (정부가 2023년 11월 20일부터 12월 19일까지 받은 주파수 할당 신청 접수에는 스타링크가 빠졌다. 직접 서비스를 하기보다는 국내 회사들과 제휴를 택한 것으로 보인다.)

이런 생각이 이어지던 중 스타링크의 국내 서비스 개시는 점점 뒤로 밀렸고 2023년 4분기로 변경되었다. 그동안 2023년 5월에는 스타링크 코리아가 강남에 정식으로 법인을 세웠고, 기간통신사업자 등록 신청을 끝냈으며 SK텔링크, KT SAT와 손을 잡았다. 특히 KT SAT는 2023년 11월 29일 기존의 정지궤도 위성과 스타링크를 동시에 활용한 해양통신 서비스를 제공하겠다고 했다.

광폭 행보에 주목할 건 B2C가 아닌 B2B 그리고 스마트 시티로 이어지는 기술들이다.

이처럼 국내에서 벌어진 큰 변화는 결국 '그래서 스타링크 우주 인터넷을 쓰면 뭐가 달라지는데?'라는 부분에 답하지 못하면 의미가 없다. 스타링크는 어디에서 먼저 사용될 수 있을까?

스타링크, 어디에 사용될 수 있을까?

첫 번째는 항공사다. 2023년 1월 미국 하와이안 항공은 스타링크와 제휴를 맺고 3월부터 기내 인터넷 서비스를 시작했다. JSX, AirBaltic 그리고 카타르 항공 역시 제휴를 맺은 상태다. 하늘에서 비행기가 인터넷 신호를 잡아 사용하기 위해서는 지상에서 신호를 받거나 우주에서 신호를 받아야 한다. 지상에서 신호를 받기 어려운 바다 위를 많이 지나야 하는 항공이라면 스타링크 같은 위성 인터넷 서비스를 이용하는 게 당연히 좋다. 게다가 항공사들이 모두 우주 인터넷을 이용한다면 항공기 안에 있는 모니터를 없애도 되고, 무료 영화나 드라마를 제공하지 않아도 된다. 어차피 승객 중에 스마트폰이나 태블릿 없이 탑승하는 사람은 거의 없기 때문에 사용하는 데이터 속도에 따라서만 차등과금 하거나, 무료로 인터넷을 제공하는 대신 광고를 필수적으로 시청하게 하는 것도 방법이다. (국내 SRT나 스타벅스에서 무료 와이파이를 접속할 때 광고 첫 화면을 봐야 하는 것과 같다.)

생각해보자. 제주도 갈 때 와이파이에 연결해서 유튜브나 인스타그램으로 생방송을 할 수도 있고 업무를 할 수도 있다면, 이 편리성을 위해서 5,000원~1만 원을 추가하는 건 어렵지 않다.

두 번째는 항공사를 제외한 B2B 영역이다. 항공사 외에도 스타링크가 필요한 곳은 많다. 안정적이고 끊김 없이 언제나 네트워크에 연결되어야 하는 서비스라면 메인 네트워크가 아니더라도 백업용으로 우주 인터넷과 제휴를 맺을 필요가 있다. 여기에 앞으로 하늘을 나는 새로운 비행체인 UAM, 드론 등 다양한 기체는 물론 지상에는 자율주행차가 더 많이 다니게 된다. 국내에서도 UAM 상용화를 2025년으로 잡고 있다. 이미 2023년 8월부터는 'K-UAM 그랜드 챌린지'를 시행해 현대차, 대한항공, 티맵, SKT 등 다양한 회사가 컨소시엄을 이루어 진행하고 있다.

모든 사물이 연결되는 사물인터넷의 종류가 많아지면 많아질수록 빠르고 안정적인 서비스는 더 각광받게 된다. 언젠가 올 그 시장을 스타링크가 조금 더 앞당겼다.

세 번째로 꼭 고려해야 할 곳이 있다. 바로 '군대'다. 과학기술의 발전은 군사적인 부분을 빼놓고는 생각할 수 없을 정도다. 앞서 이야기한 우크라이나-러시아 전쟁 때 스타링크가 쓰인 사례를 기억하자. 2023년 우리나라보다 먼저 일본에서 스타링크 사용이 가능해졌다. 곧이어 2023년 3월부터 자위대 차원에서 스타링크 사용을 검토하고 있다.

국방과 관련된 문제이기 때문에 국내에서도 신경 쓸 수밖에 없는 부분이다. 과연 우리나라에서는 스타링크와 계약을 할까. 아니면 다른 회사와 계약을 할까. (한화시스템은 2023년 말 정부용 우주 인터넷 개발에 착수했다.)

여기에 더해 스마트폰 제조사 혹은 통신사와의 제휴도 고려대상이다. 2023년 상반기부터 스페이스 X는 미국의 T 모바일과 함께 위성통신 시범 서비스를 준비 중이었다. 9월에는 스페이스 X와 일본의 통신사 KDDI가 기지국을 거치지 않고 스마트폰과 위성을 직접 연결하는 서비스를 2024년부터 시작할 거라는 이야기가 있었고, 급기야 10월 스페이스 X는 위성 기반의 모바일 통신 서비스 '다이렉트 투 셀(Direct to Cell)'을 2024년 출시한다고 밝혔다. 말 그대로 지상의 위성 안테나를 거쳐 스마트폰에서 스타링크와 연결되는 게 아니라 위성과 스마트폰을 바로 연결하겠다는 뜻이다.

스타링크의 플랜에 따르면 2024년에는 텍스트 메시지로 시작되며 2025년에는 음성과 데이터 서비스 그리고 다양한 IT 장비를 연결하는 IoT 서비스를 시작할 예정이다. 결국 스타링크는 2025년을 완전한 승부처로 보고 있다. 우주 인터넷 서비스를 시작하는 경쟁사들 역시 바쁘게 움직일 수밖에 없게 됐다.

스페이스 X가 2024년 출시한다고 밝힌 위성 기반의 모바일 통신 서비스 ‘다이렉트 투 셀(Direct to Cell)’. (출처 : 스페이스 X)

그렇다면 기존 통신사와의 관계는 어떻게 될까. 잠시 동안은 적과 공존하는 기간이 될 것으로 보인다. 통신사들이 커버할 수 없는 산간 도서 지역의 서비스는 스타링크가 맡는 식으로 제휴할 수 있다. 스타링크 입장에서도 통신사업을 별도로 추진할 수는 없기에 티모바일과 제휴해 진행하고 있으나, 언제까지 이 관계가 이어질지는 모르는 일이다. 네트워크 사업자라면 2~3년 후의 미래를 대비해야 한다.

원웹 – 모두가 연결된 인터넷 세상을 꿈꾸다

원웹의 시작

우주에서의 직접적인 인터넷을 꿈꾼 건 일론 머스크의 스페이스 X만이 아니다. 2019년 스타링크 프로젝트 시작보다 4년이나 먼저 2015년 소유즈 로켓을 통해 첫 번째 위성을 쏘아 올린 회사가 있다. 바로 영국 회사 '원웹(ONE WEB)'이다. 원웹은 2023년 말까지 648개의 초저궤도 위성을 발사해 전 세계에 초고속 인터넷을 제공하는 것이 목표였다. 이 회사의 가능성을 본 영국의 버진 그룹, 구글, 퀄컴에서 투자를 했고 2017년 2월 원웹은 648개의 위성 소유권이 다 팔렸다고 말했다. 2019년에는 소프트뱅크와 퀄컴이 약 12억 5,000만 달러를 투자하기로 했다. 이런 분위기에서 원웹의 사업은 지속적으로 성장할 것처럼 보였다.

코로나 – 원웹의 위기와 부활

2020년 전 세계를 덮친 코로나 19는 한참 우주를 향해 날던 원웹의 사업에 제동을 걸었다. 코로나로 투자사들의 투자가 줄었기 때문이다. 대표적인 투자사 소프트뱅크는 투자한 회사들의 연이은 상장 불확실로 자금 확

2019년 스타링크 프로젝트 시작보다 4년이나 먼저 2015년 소유즈 로켓을 통해 첫 번째 위성을 쏘아 올린 영국 회사 '원웹(ONE WEB)'. (출처 : 원웹)

보가 어려웠고, 이 어려움은 고스란히 원웹에 대한 투자 중단으로 이어졌다. 결국 2020년 3월 원웹은 자금 압박으로 인한 유동성 문제로 파산신청을 했고 위성 발사 사업을 중단한다.

이대로면 구글의 프로젝트 룬처럼 기술력만 남긴 채 다른 회사들에 인수되거나 그냥 해체되는 수밖에 없다. 이런 원웹을 구한 건 영국 정부와 인도의 대형 통신업체 바르티 그룹이었다. 이 둘은 2020년 11월 컨소시엄을 구축했고 각 5억, 총 10억 달러를 투자해 원웹을 인수했다. 그런데 우주 인터넷 사업의 가능성을 보고 다른 기업이 인수했다면 이해가 가는데 굳이 영국 정부에서 인수한 이유는 뭘까. 영국 정부는 2020년 1월 EU를 탈퇴했다. 이게 영국의 유럽 탈퇴를 의미하는 브렉시트(Brexit)다. 그 영향은 다양한 분야에서 나타났는데 영국 정부의 우주 계획에도 큰 영향을 미치게 된다.

EU는 '갈릴레오'라는 이름의 범지구위성항법시스템(GNSS) 구축을 진행 중이다. 미국의 GPS 같은 시스템으로 2003년 시작되어 2025년 운영을 목표로 한다. 문제는 영국이 브렉시트에서 탈퇴하며 갈릴레오 프로젝트에서도 배제되어 독자적인 위성항법 시스템이 필요해졌다. 그러니 '원웹'을 인수할 수밖에 없었다고 봐야 한다. 이어 2021년 소프트뱅크는 다시 3억 5,400만 달러, 4월에는 프랑스의 위성통신기업 유텔셋이 5억 5,000만 달러, 8월에는 우리나라의 한화시스템이 3억 달러를 투자해 원웹은 파산 위기에서 완전히 벗어날 수 있게 됐다. 2022년 7월 원웹은 유텔셋과의 합병을 발표한다. 2023년 9월 드디어 합병이 끝났고, 원웹은 '유텔셋 원웹'이란 이름의 자회사가 되어 운영센터는 영국, 본사는 파리에 두게 됐다.

유텔셋은 정지궤도 위성통신(LEO)을 기반으로 하는 회사다. 여기 원웹이 더해지며 유텔셋은 정지궤도 위성 37개, 저궤도 위성 600개 이상을 가진 세계 최초의 통합 위성통신사업자가 됐다. 원웹을 인수한 바르티 그룹의 미탈 회장은 유텔셋 그룹의 이사회 부회장을 맡게 됐고 그는 원웹에 대해 '전 세계 모든 사람을 연결하고 라스트 마일을 달성할 수 있는 회사'라 이야기했다.

한화시스템 – 원웹과 함께

2021년 10월 14일 러시아 소유즈 로켓을 통해 원웹은 36개의 위성을 발사했다. 원웹은 자신들의 이사회에 참여한 국가들의 국기를 로켓에 새겨 넣었는데 여기에는 자랑스럽게 태극기가 새겨져 있다.

앞서 이야기했듯 한화시스템이 2021년 8월 13일 3억 달러(약 3,450억 원)를 투자해 지분 8.8%를 인수했기 때문이다. 우주 인터넷 시대의 도약을 함께하는 파트너가 되었다는 의미로 봐도 된다. 그렇다면 국내에서의 경쟁이 조금 더 재미있어질 것이라 짐작할 수 있다.

스타링크 코리아가 국내에서 정식 서비스를 할 경우 이에 대한 대항마가 없다면 우주 인터넷은 스타링크에 끌려다니게 될지도 모른다. 이에 대한 대항마 중 하나가 한화시스템이라면 과장된 생각일까? 그렇지 않다.

한화시스템은 2023년 7월 기간통신사업자 등록을

» 2021년 10월 14일 원웹이 발사한 위성. 원웹은 자신들의 이사회에 참여한 국가들의 국기를 로켓에 새겨 넣었는데 여기에는 자랑스럽게 태극기가 새겨져 있다. (출처 : 한화시스템)

끝냈다. 한화시스템은 직접적인 통신사는 아니기에 '회선설비미보유 기간통신사업자'로 신청했고 앞으로 진행할 서비스에 대해서는 '원웹 저궤도 통신망을 활용한 초고속 인터넷 제공'이라 했다.

따라서 처음부터 한화시스템-원웹이 노리는 시장은 개인이 아니라 B2B와 B2G다. 한화시스템은 방산과 IT를 함께 하는 회사이니 국방부와의 계약도 염두에 둔 것이 분명해 보인다. 이미 2023년 5월에는 국방연구소와 679억 규모의 '초소형 위성체계 개발사업' 계약을 체결했다. 항공기, 선박 등을 위한 B2B 서비스 진출도 가속화하고 있는데 당분간 국내 우주 인터넷 시장은 스타링크 코리아 vs. 한화시스템의 경쟁이 될 것으로 보인다. 이에 대해 확신하듯 11월 24일 한화시스템은 원웹과 국내 서비스 개시를 위한 저궤도 위성통신 유통-공급 계약을 체결했다.

다만 국내 시장만 보고 우주 인터넷 시장에 뛰어들기에는 규모가 너무 작다. 원웹과 함께하며 한화시스템이 노리는 건 전 세계, 글로벌 우주 인터넷 시장이다. 이미 2023년 7월 한화시스템과 한화 디펜스 오스트레일리아는 원웹과 양해각서를 체결해 오스트레일리아의 군 위성 인터넷 사업에 참여하기로 했다. 한화의 계열사인 한화페이저는 원웹과 항공기 고객을 위한 서비스 계약을 맺었다. 항공기용 수신 단말기를 만들겠다는 이야기다.

이렇듯 한화의 우주 사업의 핵심 파트너는 원웹이기에 우주 사업에 관심이 있다면 원웹의 행보도 눈여겨보아야 한다.

원웹, 스타링크와 경쟁할 수 있을까?

먼저 시작했지만 자금 문제로 앞서 나갈 수 없었던 원웹은 스타링크가 시장을 장악하는 것을 보며 뼈아팠을 것이다. 이제 원웹은 다시금 출발선에서 제대로 뛸 수 있는 준비가 끝났다. 과연 누가 승자가 될까.

스페이스 X는 로켓 발사 기업이며 스타링크는 이 회사에서 진행하는 사업 중 하나다. 덕분에 로켓 발사에서 인공위성 운영까지 한 번에 다 관리할 수 있다. 반면 원웹은 '인공위성 서비스'만을 진행하는 회사다. 따라서 우주로 위성을 올리기 위해서는 다른 회사의 '로켓'을 이용해야 한다.

원웹의 성장을 늦추게 된 계기는 아이러니하게도 스타링크를 주목받게 만든 '우크라이나 전쟁'이었다. 2021년의 발사에서 보듯 원웹은 러시아의 소유즈 로켓을 이용해왔다. 그런데 2022년 2월 우크라이나 전쟁이 시작됐다. 영국은 우크라이나를 지원했는데, 러시아에서는 상당히 불편할 수밖에 없다. 결국 러시아는 로켓 발사를 원하면 '위성의 군사적 목적 사용 금지'를 내세우며 영국 정부가 가진 원웹의 지분을 매각하라고 했다. 당연히 영국 정부는 반대했고, 소유즈 로켓을 이용하지 못하게 된 원웹의 위성은 지상에 머물러야 했다. (자체적인 발사체를 소유하지 못했다는 건 지속적으로 원웹의 발목을 잡게 될지도 모른다.)

원웹의 구원자는 경쟁자라 할 수 있는 스페이스 X였다. 2022년 3월 원웹은 스페이스 X와 위성 발사를 위한 협약을 맺었다. 이 둘은 경쟁관계이면서 공생관계라고 볼 수 있다. 둘이 목표로 하는 전체 위성의 숫자도 다르다. 원웹은 648개이며, 스타링크는 1만 개 이상이다. 원웹은 2023년 8월 미국, 캐나다, 이탈리아, 프랑스 등 세계 37개국 서비스를 시작했다.

제휴 측면에서도 바쁘게 움직여왔다. 2021년 사우디아라비아 국부펀드와는 원웹 NEOM을 설립했고, 필리핀 NOW Corp와 파트너십을 체결했다. 여기 더해 유텔셋과 합병 시너지가 있다. 분명 스타링크의 어마어마한 인공위성 숫자는 두려울 정도다. 하지만 각국 정부나 기업 차원에서는 어느 한 곳에 모든 것을 독점시키는 결정보다 분산시키는 결정을 내리게 되므로 원웹과 스타링크는 지속적으로 경쟁과 협업 구조를 이어갈 것으로 보인다.

아마존 – 프로젝트 카이퍼로 날다

아마존의 우주 인터넷 – 프로젝트 카이퍼

원웹과 스타링크 그리고 이미 떠 있는 다른 국가와 기업의 인공위성만으로도 지구 주위 우주는 어지럽다. 그런데 앞으로 더 복잡해질 것이다. 바로 스페이스 X에 버금가는, 어쩌면 더 큰 자금과 기본 기술을 가졌을지도 모르는 공룡 기업 '아마존'이 뛰어들었기 때문이다. 예전부터 아마존이 새로운 사업에 뛰어들면 관련 사업을 하는 회사들의 주가는 우수수 떨어졌다. 이를 '아마존에 의한 죽음(Death By Amazon)'이라 할 정도인데, 과연 아마존은 우주 인터넷 산업에서도 기존의 사업자들을 죽음으로 이끌까?

'카이퍼'는 천문학자 '제러드 카이퍼'의 이름에서 따온 이름으로 그는 최초로 해왕성 밖의 소행성 대(帶) '카이퍼대'를 예측했다. 그가 우주 관측에서 새로운 지평

선을 열었듯이 프로젝트 카이퍼도 우주로 사업을 확장하겠다는 의지를 담았다고 할 수 있다. (뉴셰퍼드, 뉴글렌 등의 이름에서 보듯 항상 의미 있는 이름을 사용한다.)

앞에서 아마존의 제프 베이조스가 세운 우주 기업 '블루 오리진'을 살펴봤다. 그런데 이번 '카이퍼'는 아마존이다. 블루 오리진과 프로젝트 카이퍼는 뭐가 다를까? 우선 회사가 다르고 추진 방향이 다르다. 블루 오리진은 독립된 회사이고, 프로젝트 카이퍼는 '카이퍼 시스템즈(Kuiper Systems LLC)'라는 아마존의 자회사로 2019년 설립됐다. 카이퍼 시스템즈는 위성 설계, 제조, 발사, 운영 등의 업무를 맡고 있다.

스페이스 X에 비교하면 스페이스 X의 본업인 로켓 발사와 우주 인터넷인 스타링크 프로젝트를 각각 다른 회사에서 추진한다고 보면 된다. 이렇게 회사를 별도로 두었을 때와 아닐 때 둘 다 장점과 단점이 있다. 스페이스 X처럼 한 회사에서 제작과 발사까지 하면 언제든 원하는 스케줄대로 발사할 수 있다. 다만 회사의 자금이 부족할 때는 로켓 발사와 위성 사업 둘 다 영향을 미칠 수 있다. 블루 오리진과 카이퍼 시스템즈도 밀접한 관계이니 블루 오리진에서 카이퍼의 위성 발사를 모두 담당할 거라고 생각할 수 있으나 그렇지는 않다.

블루 오리진의 우주여행 사업은 초기 단계다. 로켓 운송 사업은 계약만 했지 시작하지 못했다. 이런 상황에서 블루 오리진의 로켓 사업이 궤도에 오르기를 기다리면 인공위성을 통한 우주 인터넷 사업은 늦어질 수밖에 없다. 그래서 '카이퍼 위성'은 블루 오리진 외에 아리안 그룹, ULA 등 다른 회사들과 10년간 92회의 발사 계획을 맺었다.

프로젝트 카이퍼, 아마존의 목표

프로젝트 카이퍼는 원웹에 비해서는 많고 스타링크에 비해서는 적은 숫자인 3,236개의 위성을 2029년까지 궤도에 올리는 것을 목표로 하고 있다.

2023년 2월에는 미 연방통신위원회(FCC)에서 위성 사업에 대한 인가를 받았다. 그리고 10월 6일 드디어 우주 인터넷망을 구축하기 위해 카이퍼샛이란 이름의 테스트 위성 두 대를 ULA의 아틀라스 5로켓을 통해 발사해 500km 궤도에 올리는 데 성공한다.

2024년부터 첫 번째 위성을 발사하며 2026년까지 1,500대 이상의 위성을 배치할 예정이다. 우주 인터넷 서비스는 2024년 중에 시작될 것으로 보인다. 이렇게 짧은 기간에 위성을 올리기 위해서는 빠르게 제작해야 한다. 위성은 미국 워싱턴주의 공장에서 제작한다.

그런데 왜 아마존과 제프 베이조스는 카이퍼 위성으로 우주 인터넷 사업을 하려는 걸까? 물론 앞서 보았듯 제프 베이조스의 꿈 역시 일론 머스크처럼 우주를 향해 있고, 그 연결선에서 볼 때 우주 인터넷 사업은 필수 사업이다. 이것만으로는 충분하지 않다. 스타링크처럼 지속적인 캐시카우를 얻는 것도 중요한 이유다. 또 하나의 이유가 있다. 아직도 지구에는 인터넷에 연결되지 못한 사람이 37%나 된다. 만약 이 사람들이 모두 인터넷에 연결될 수 있다면 어떨까. 연결된 사람들에게서 얻을 수 있는 가장 강력한 건 '데이터'다.

아마존은 무언가를 '파는 회사'다. 연결된 사람들이 아마존에서 쇼핑을 한다면? 아마존이 그리는 가벼운 그림 중 하나다.

이런 점에서 스타링크와 프로젝트 카이퍼는 출발점이 다르다. 스타링크는 B2B, B2G, B2C로 가입자 수를 늘리고, 가입자별로 과금을 받아 수익화해야 한다. 여기에 지상에서 사용해야 하는 '안테나'인 단말기까지 별도로 판매해야 수익을 얻을 수 있다. (물론 초기 단말기 금액은 한화로 50만 원 정도였지만 스타링크는 단말기를 자체 생산하기에 이 단가는 시간이 갈수록 줄어들 수 있다.)

아마존은 어떨까. 아마존의 전략은 일단 소비자들이 자사 서비스를 이용하게 만들어 결과적으로 빠져나가지 못하게 만든다. 아마존의 멤버십 서비스인 '프라임 멤버십'을 생각해보자. 매달 혹은 연간 구독료를 내는 고객을 위해 아마존 프라임 비디오, 뮤직, 전자책, 무료배송 등의 서비스를 제공한다. 한번 이용한 고객은 그 편리함에 쉽게 계약을 해지하지 못한다.

아마존의 우주 인터넷 역시 이 연장선에서 생각할 수 있다. 프라임 멤버십 중 하나의 서비스로 제공한다면 어떨까. 아마존 입장에서는 이를 위해 얼마든지 위성 안테나를 무료로 제공할 수 있다. 가능한 일일까?

이미 이를 위해 아마존은 개발 중인 3종류의 안테나를 공개했다. 기본 모델은 2~3kg 이하의 가벼운 모델로 최대 400Mbps를 예상한다. 가장 비싼 하이엔드급은 최대 1Gbps를 목표로 하며 기업이나 정부 등 빠른 속도가 필요한 곳이 대상이다. 마지막으로 0.5kg 정도의 초소형 모델은 킨들 전자책 단말기, 7~8인치 정도로 100Mbps의 속도다. 바로 이 휴대용 모델이 개인이나 소규모 기업을 타깃으로 하기에 무료 제공까지 할 수 있으리라 예상된다.

결국 아마존의 숙제도 안테나를 얼마나 저렴하게 생

아마존이 공개한 위성 인터넷 접시. 광대역 위성 네트워크인 프로젝트 카이퍼(Project Kuiper)에 연결하는 안테나 중 하나다. (출처 : 아마존)

산할 수 있느냐, 이를 어떻게 가격에 녹여낼 수 있느냐가 된다.

중국, 우주로 가는 길을 열다 - 우주굴기

생각해보자. 몇 년 후에는 몇만 대의 저궤도 인공위성이 우주에서 인터넷 서비스를 시작한다. 그런데 지금까지 이야기한 스타링크, 원웹, 아마존의 프로젝트 카이퍼는 모두 서양 국가에서 진행하는 프로젝트다. 이에 대해 대단히 마음 불편한 나라가 있을 수밖에 없다. 그중 가장 큰 두 나라, 중국과 러시아가 있다. 중국은 '우주굴기'라 부를 정도로 우주를 향해 국가 차원에서 강력하게 사업을 추진하고 있다. 중국이 자기 나라 위에 인공위성 수만 대가 떠다니는 걸 가만히 보고 있지는 않을 것이다.

중국 역시 빠르게 대응해왔다. 2021년에는 저궤도 우주 인터넷 사업을 위한 '중국위성네트워크그룹 CSNG(China Satellite Network Group)'를 설립해 본격적으로 우주 인터넷 프로젝트를 시작했다.

중국이 구축하는 우주 인터넷의 이름은 '궈왕'으로 궈왕은 '국가 네트워크'를 뜻한다. 위성의 수는 1만 2,992개로 고도 500~600km와 1,145km 두 개로 나누어 2027년까지 위성을 배치할 계획으로 추진된다. 2023년 10월에는 'G60' 프로젝트에 대한 이야기가 불거지기 시작했다. 2023년 12월 첫 G60 위성이 제작되었고, 2024년 최소 108개의 위성을 스타링크보다 낮은 고도에 운용할 예정이다. 총 1만 2,000개의 위성을 띄우는 것을 목표로 한다.

그런데 중국은 어느 회사의 로켓을 이용해 위성을 발사하게 될까? 당연히 중국 회사다. 스타링크가 거의 매달 60대 이상의 위성을 발사할 수 있는 건 자체 로켓을 이용하기 때문이며, 재활용 로켓으로 비용을 절감했기 때문이다. 반면 중국은 아직 그 정도 수준까지 발사체 기술을 발전시키지는 못했다. 재발사할 수 있는 로켓의 완성도 아직 이뤄지지 않았다. 먼저 필요한 건 재발사 로켓으로 비용을 낮추는 일이다. 창정 7A 로켓이 이 역할을 담당하며 2021년 재발사에 성공했다. 궈왕 프로젝트가 성공하려면 더 많은 인공위성을 수송할 수 있는 로켓이 필요하기에 창정 8 로켓도 대량생산을 할 예정이다.

중국의 로켓 회사 '스페이스 파이오니어'도 주목해야 한다. 이 회사는 스페이스 X의 팰컨 9처럼 1단 로켓을 재활용할 수 있는 로켓을 개발해 2024년 5월 발사할 예정이다.

간단하게만 살펴봤지만 중국의 우주 산업은 정말 빠르고, 급하게 움직이고 있다. 왜일까? 두 가지를 생각해 볼 수 있다. 하나는 군사적인 목적이다. 우크라이나 전쟁에서 스타링크의 역할을 보았듯 저궤도 위성의 힘은 크다. 관찰뿐 아니라 네트워크까지 장악할 수 있는 힘을 가지고 있는데 이 힘을 서양 국가들이 키우는 걸 지켜보기만 할 수는 없다. 이미 중국은 스타링크가 있는 궤도뿐 아니라 그 위 궤도에도 배치해 경쟁적인 위성들을 무력화하겠다는 이야기도 한다.

두 번째는 서양과 함께 하지 못하는 러시아, 동남아시아, 아프리카 같은 국가에 대한 우주 세력의 구축이다. 이들을 끌어들인다면 기대할 수 있는 매출 규모도 달라질 수밖에 없다. 경제적인 가치와 안보적인 요소 둘 다를 보고 중국은 우주 산업에 투자하고 있다. 문제는 '시간'이다. 스타링크의 위성들이 저궤도의 대부분에 배치되기 전 중국은 위성들을 배치해야 하기에 서두르고 있다.

그렇다면 앞으로 10년, 가까운 미래에는 우주 전쟁이라고 해도 좋을 정도로 각국의 위성이 서로에게 미사일을 쏴서 파괴하는 일이 벌어지게 될까? 그렇지는 않다. 우주에서 위성을 파괴하는 일은 우주 쓰레기를 만들어내기에 서로 조심하는 상태다. 따라서 위성 간의 우주 전쟁은 직접적인 폭발과 파괴가 아니라, 일정 국가를 통과할 때는 정보를 수집하지 못하게 방해하거나 이동 속도를 늦추는 등 무력화하는 데 초점이 맞춰진 소리 없는 전쟁이 될 것이다.

우리나라도 준비가 시급한 상황이다.

저궤도
위성의
시대,

이래도
괜찮은가?

너무 많은 인공위성

경제적인 이득과 군사적인 문제를 보면 저궤도 위성을 띄워야 하는 건 맞다. 그런데 많아도 너무 많다.

레오랩스 사이트에서는 현재 우주에 있는 인공위성의 숫자를 실시간으로 확인할 수 있다. 지구 위에 지저분하게 뭔가 많이 붙어 있다. 저게 다 인공위성이다. 2023년 시점에도 어마어마한데 스타링크, 프로젝트 카이퍼, 원웹, 궈왕 등이 자리 잡고 나면 어떻게 될까? 고민해야 할 점 3가지를 하나씩 알아보자.

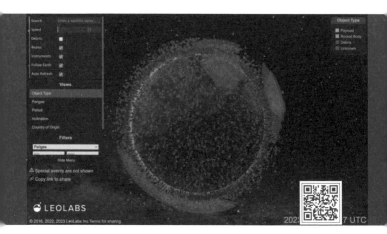

레오랩스 사이트에서는 현재 우주에 있는 인공위성의 숫자를 실시간으로 확인할 수 있다. (출처 : 레오랩스)

천체 관측 문제

어느 날 한 회사와 미팅을 하면서 "앞으로는 우주에 주목해야겠어요"라고 이야기했다. 여기에 이어서 자연스럽게 스타링크에 대한 이야기를 하던 중 "어? 대표님, 제가 지난번에 그걸 찍은 것 같아요"라고 휴대폰 사진을 보여주셨다. 와! 정말이었다. 밤하늘에 기차가 지나가는 것처럼 스타링크가 편대비행을 하는 모습이 찍혀 있었다.

이래도 되는 걸까? 개인이 찍은 사진이나 영상은 놀

라운 것으로 그칠 수 있다. 그런데 개인 카메라가 아니라 유럽남방천문대 망원경, 거대 마젤란 망원경 그리고 칠레에 건설 중인 망원경에서 찍은 사진이 이렇다면 어떨까. 밤하늘의 스타링크 모습을 더 구체적으로 찍을 수 있을까? 물론이다. 하지만 이게 중요한 게 아니다. 밤하늘의 별들을 관측하는 데 스타링크는 벌써부터 방해가 된다. 지상에서만의 문제가 아니다.

우주에도 망원경이 있다. 지구에서 별을 보기 위해서는 대기를 거쳐야 한다. 기상 상태가 안 좋거나, 도시의 불빛이 너무 밝아도 문제가 되기에 천체 관측소들은 도시와 떨어진 곳에 있다. 아예 대기나 도시의 불빛이 문제 없는 우주에서라면 조금 더 선명하게 촬영할 수 있지 않을까? 허블 망원경을 제작해 발사한 이유다. 허블 망원경이 위치한 고도는 530km 정도다. 스타링크는 고도 550km가량으로 조금 위에 있다 보니 허블 망원경의 시야에 잡힌다.

별을 관측하는 건 아주 중요한 일인데 스타링크를 포함한 위성들이 점점 더 큰 문제가 되고 있다.

이에 대해 스페이스 X 측에서는 인공위성의 표면에 햇빛을 덜 반사할 수 있는 물질로 코팅을 하겠다는 다크샛을 제안했다. 물론 다크샛은 기존 버전에 비해 태양 빛

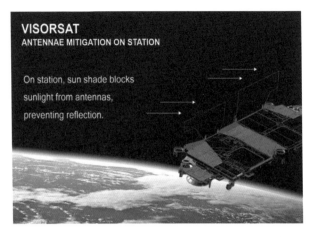

스타링크 위성에서 반사된 빛이 밤하늘의 별을 관측하는 데 방해가 되자, 이를 방지하기 위해 설치한 '바이저샛'. (출처 : 스페이스 X)

반사를 50% 정도 감소시켰다. 2020년 8월에는 마치 오토바이 헬멧을 쓰고 차단막을 내리는 바이저처럼 태양빛을 감소시키는 바이저샛이라는 장치를 추가하기도 했다. 그럼에도 우려는 끊이지 않는다.

스타링크의 밝은 기체만이 문제가 아니다. '전파' 문제도 언급됐다. 독일 막스플랑크 전파천문학 연구소는 2022년 스타링크를 집중적으로 관측했는데 실제로 110~188MHz 대역의 전파가 감지됐다. 문제가 된 이유는 우주에서 지구를 향해 오는 전파를 분석하는 일에 방해가 된다는 점이다. 우주에서 또 다른 생명체를 발견하는 연구에 영향을 미치고 있다. 지금 스타링크에 대해 우려하는 건 가장 많은 저궤도 위성을 발사했고 또 발사할 것으로 이야기되기 때문이다.

스타링크보다 먼저 위성을 궤도에 올린 원웹이나 2023년 말부터 궤도 배치를 테스트 중인 아마존의 프로젝트 카이퍼, 곧 우주를 수놓을 중국의 궈왕 프로젝트까지 수많은 인공위성이 우주를 덮을 예정이다.

천문학자들이 우려하는데도 기업 간 국가 간의 정치와 경제 논리로 위성 열풍과 관측 위협은 사라지지 않을 것으로 보인다.

군사적 문제

군사적 문제는 앞에서 이야기했듯 우주 관련 산업이 성장하면서 계속해서 언급될 수밖에 없는 부분이니 여기서는 짧게 다루자. 우주에서 지상을 내려다볼 수 있다는 건 상당히 큰 이점이다. 2022년 우크라이나-러시아 전쟁에서 우크라이나는 스타링크를 통해 전쟁을 이어갈 수 있었고 무엇보다도 자국 상황을 다른 나라에 여과 없이

전할 수 있었다. 2023년의 하마스-이스라엘 전쟁 역시 정보전이었다. 잘잘못을 따지는 건 중요하지 않다. 전쟁은 무조건 없어야 한다. 하지만 팔레스타인의 상황은 이스라엘의 상황에 비해 더 적게 보도될 수밖에 없었다. 만약 팔레스타인 측에서도 자체적인 위성을 가지고 있고 우주 인터넷으로 24시간 안정적으로 인터넷이 연결되었다면 어땠을까.

각각의 전쟁이 일어날수록 우주 인터넷에 대한 관심도 커질 수밖에 없다. 세계는 지금 3개의 축으로 나뉘고 있다. 하나는 다시금 미국이 주축이 되는 우주 인터넷이다. 여기에는 스페이스 X와 아마존이 있다. 다른 하나는 유럽연합(EU)이 주축이 되는 우주 인터넷이다. 자체적인 프로젝트를 진행 중이고 원웹은 물론 다양한 기업과 제휴를 맺고 있다. 마지막으로 중국이다. 2023년 러시아 푸틴과 북한 김정일, 러시아 푸틴과 중국 시진핑이 만났다. 경제적인 논의와 군사적인 합의를 당연히 했을 것이고, 우주에 한해서 보면 러시아는 기세가 약해지기는 했지만 수십 년간 안정적으로 로켓 발사를 해온 경험과 우주정거장을 운영한 경험이 있다. 중국은 궈왕 프로젝트로 초저궤도 위성을 스타링크 못지않게 발사할 계획이다. 그렇다면 북한은? 그 속을 알 수 없으나 우주 인터넷 시대가 되었을 때 북한이 스타링크와 계약을 맺는 건 상상하기 힘들다. 결국 북한은 중국, 러시아와 손을 잡을 수밖에 없다.

여기 조금 더 직접적으로 우려되는 건 경쟁적으로 쏘아 올린 인공위성들이 서로 공격하기 시작할 때다. 물론 직접 로켓을 발사하는 일은 없을 거라고 앞에서도 이야기했지만 언제든 이에 근접한 사고는 발생할 수 있다. 만약 인공위성끼리 사고가 발생하면 어떻게 될까.

위성 충돌 문제

아무리 그래도 위성끼리 충돌하는 게 가능한 일일까. 같은 궤도에 띄워진 인공위성이 많다고 하지만 지상에 띄우는 것과는 다르다. 우주는 넓기 때문이다. 그러나 지구 주위는 좁다. 스타링크의 경우 2023년 상반기 스페이스 X가 미 연방통신위원회(FCC)에 제출한 자료에 따르면 2022년 12월 1일부터 5월 31일, 6개월간 위험을 회피하기 위해 회피 기동을 한 사례가 2만 5,000건이나 된다. 일단 횟수에 놀라게 된다. 직전 6개월보다 두 배나 늘어난 횟수라는 말을 들으면 더 놀라게 된다. 앞으로 더 많은 위성이 궤도에 올라가면 위험은 더 커질 수밖에 없다.

임무를 다한 위성은 어떻게 될까. 예를 들어 스타링크의 수명은 6년 정도다. (일반적인 위성의 수명은 10년으로 저궤도 위성은 수명이 더 짧다.) 이렇게 수명이 다해가는 위성은 '능동 소각', 한마디로 알아서 스스로 몸을 태우는 시스템이 작동해 현재의 궤도에서 멀어져 대기권으로 이동해 불태워진다. 2021년 12월 100번째 위성을 발사하며 스타링크는 이 기능을 테스트했고 성공했다.

우리나라 역시 마찬가지다. 2018년 5월 발사된 아리랑 5호는 2023년 2월 임무가 끝났다. 이 위성 역시 대기권에서 소각됐다. 2023년 7월 유럽우주국(ESA)의 기상관측 위성 아이오로스가 지구 대기권에 추락하며 불타사라지는 모습을 찍은 사진 8장을 합쳐 애니메이션으로 공개하기도 했다.

그런데 만에 하나라도 위성이 통제 불능 상태에 빠진다면? 그래서 다른 위성과 충돌한다면? 이미 2009년 미국의 이리듐 위성은 러시아의 군사위성과 충돌했고 2019년에는 중국의 위성 평위 1호와 미국의 USA-24호가, 2020년에도 스타링크와 원웹은 충돌 직전까지 갔다.

만약 위성끼리 충돌하면 어떤 일이 벌어질까. 지상이라면 잔해가 땅에 남아 있으니 깨끗하게 수거해 치울 수 있다. 우주에서는? 잔해들이 지구로 떨어진다면 그나마 다행일지 모른다. 대부분 대기권에서 열에 의해 사라지기 때문이다. 우주는 다르다. 한번 궤도에 올려놓으면 균형을 잡은 상태에서 위성은 떨어지지 않는다. 잔해도 마찬가지다. 이 잔해들이 이동하는 속도는 초속 7.5km 가량이다. 한두 개가 아니라 수천 개의 파편이 7.5km 속도로 지구 위를 떠돌다 다른 위성에 부딪힌다면?

　　엄청난 재앙이 일어날 것이다. 이에 대해서는 우주 쓰레기 수거 사업에 뛰어든 회사들에 대한 이야기에서 조금 더 자세하게 알아보자.

PART 04

나는

우주로
여행간다

눈앞에
다가온

우주여행
시대

우주 여행 시대가 열리다

1977년 다른 은하계로의 머나먼 여행을 위해 발사한 보이저 1호는 1990년 2월 지구에서 61억 5,000만 km 떨어진 곳에서 지구를 찍은 사진을 보내왔다. 이에 대해 위대한 과학자 칼 세이건은 《코스모스》에서 "지구라는 푸른 점, 우리는 이 작은 점을 돌보고 지키기 위해 노력해야 한다"고 말했다. 그의 말처럼 지구는 거대한 우주에서 보면 '창백한 푸른 점'에 지나지 않는다. 가수 윤하가 부른 〈오르트 구름〉 가사 중에는 이런 부분이 있다.

울타리 밖에 일렁이는 무언가

그 아무도 모르는 별일지 몰라

-

벅찬 맘으로 이 궤도를 벗어나

이 노래가 바로 보이저 1호에 대한 노래다. 다시 한 번 노래를 들어보자. 새롭게 느껴질 것이다.

살아 있는 동안 다른 은하계, 아니 행성으로 여행을 갈 수 있을지 모르겠다. 그런데 최근 몇 년 사이 '우주여행'이 주목받기 시작했다.

2023년 예능 프로그램인 〈지구마불 세계여행〉에서는 전 세계를 여행하며 가장 많은 조회수를 가진 우승자 1명에게 엄청난 상품을 내걸었다. 바로 '우주여행'이다. 와! 스케일이 남다르다. 우주를 여행상품으로 내건 이유는 그냥 뭔가 크게 보여주고 싶은 제작진의 욕심이었을까. 아니다. 이미 우주여행은 꿈이 아니라 현실에서 시작되었고, 쉽지는 않지만 누구나 갈 수 있는 시대가 열렸기 때문이다. (누구나 갈 수 있지만 돈이 꽤 많거나 추첨에서 당첨되는 행운을 가진 누구다. 또한 아무 때나 갈 수 있는 건 아니다. 이 프로그램의 우승자 원지는 우주여행 출발일을 하염없이 기다릴 수 없어, 오리엔탈 특급열차 탑승을 상품으로 선택했다.)

과거 우주여행을 생각했을 때 고민되는 점은 '비용'이었다. 우주로 로켓을 쏘아 올리는 것도 정말 엄청난 비용이 드는데 이건 각국 정부에서 진행하는 프로젝트이기도 해서 그 비용이 일반인에게는 손에 잡히지도 않는다. 그렇다면 여행은 어떨까. 특별한 목적이 있는 게 아니라 '나'를 위해서 '나'라는 물건을 우주에 배송하는 여행에 돈을 지불할 사람이 있을까? 물론이다. 전 세계의 부자 중에서는 새로운 것과 새로운 경험에 언제든 돈을 쓸 마음이 있는 사람이 많다.

　　2001년, 미국의 억만장자 데니스 티토는 인류 역사상 첫 우주여행을 이미 다녀왔다. 이용한 우주선은 '러시아'의 소유즈로 다른 우주비행사들과 함께 국제우주정거장(ISS)에 도착한 후 6일간 머물다 귀환했다. 이 여행에 지불한 금액은 2,000만 달러, 약 217억 원이다.

　　6일간의 여행에 217억 원, 하루 약 36억 원의 어마어마한 금액이다.

　　이렇게 비싸서는 대중화될 수 없다. 우주여행 비용이 저렴해지려면 우주여행을 위한 로켓 발사 비용이 줄어야 하고, 한 번에 많은 인원을 수용할 수 있는 우주선도 필요하다. 로켓과 우주선. 앞서 우리가 이야기한 뉴스페이스를 가능하게 한 도구들이다. 지금 이 시점에서 우주여행이 주목받은 이유이기도 하다.

　　인류의 우주여행을 돕는 대표적인 민간 기업 3곳이 있다. 스페이스 X, 블루 오리진, 그리고 버진 그룹의 버진 갤럭틱이다. 이 회사들은 누가 더 빠르게, 누가 더 많은 고객을 여행시킬 수 있는지 경쟁 중이다. 사업은 비슷하지만 세 회사 모두 창업자의 철학이 다르고, 우주여행을 바라보는 관점이 다르다.

　　성큼 다가온 우주여행, 우주 관광의 시대를 각 회사들의 스토리를 통해 조금 더 자세히 알아보자.

우주여행,

누가
먼저
대중화될까

버진 갤럭틱

버진 그룹은 어떻게 우주 사업에 뛰어들게 되었을까? 버진 갤럭틱은 '버진 그룹'의 우주여행 전문회사다. 버진 그룹은 1970년 영국에서 창업한 회사로 레코드 가게에서 시작해 항공, 미디어, 관광, 금융, 통신 등 다양한 사업을 하는 그룹이다.

리처드 브랜슨, 우주를 꿈꾸다

회사를 만든 창업자이자 지금도 회장 자리를 유지하

고 있는 '리처드 브랜슨'은 스티브 잡스와 일론 머스크를 뒤섞은 듯한 사람으로 창의적인 생각과 저돌적인 행동력을 가졌다. (70세가 넘었는데도 여전히 행동력 있는 사람이다.)

버진 갤럭틱에서 추진하는 우주여행을 알기 위해서는 창업주 리처드 브랜슨에 대해 알아야 한다. 리처드 브랜슨은 어릴 적 심한 난독증이 있어서 제대로 학교를 다닐 수 없었고 고등학교를 중퇴했다. 세상을 바꾸는 천재들에게는 뭔가 색다른 어릴 적 스토리가 있는데 그도 마찬가지다. 16세 때 〈스튜던트〉라는 잡지를 만들었다. 이 잡지에서 다룬 내용은 베트남 전쟁 반대, 성 소수자, 대학 입시제도 문제점 같은 사회적인 이슈에서 롤링스톤즈의 믹 재거, 비틀즈의 존 레논 등의 음악 관련 인터뷰들이었다. 그가 중퇴했을 때 당시 교장은 "너는 교도소에 가거나 백만장자가 되거나 둘 중 하나가 될 것이다"라고 말했을 정도로 괴짜에 가까웠다.

1971년 런던 옥스퍼드 거리에 우편 판매를 전문적으로 하는 음반 판매회사 '버진 레코드'를 세웠다. 이때 쓴 이름 '버진'이 버진 그룹의 시작이었다. 다른 회사와의 차별화를 고민하던 브랜슨은 '음반을 판매하는 곳'에서 '음악을 들을 수 있는 공간'에 관심을 가졌다. 그의 판단은 옳았고 버진 레코드는 성공을 거둔다.

버진 레코드의 성공을 바탕으로 이번에는 아직 유명하지 않은 가수들을 발굴해 그들의 음반을 제작, 판매하는 사업을 시작한다. 15세 음악 천재 마이크 올드필드의 앨범은 5년간 200만 장이 넘게 팔렸고, 섹스 피스톨스, 롤링 스톤스 등의 가수들과도 계약을 이어갔다. 사업 영역 역시 무차별 확장이었다. 음반을 시작했다면 엔터테인먼트로 진출하는 일반적인 구조에서 벗어나 헬스클럽, 철도, 금융, 화장품, 휴대폰 등 전방위적으로 관심 가는 모든 것을 시작한다.

왜 이렇게 다양한 사업을 벌이는 걸까. 첫 번째는 그가 벌이는 사업의 대부분은 제로부터 시작하는 경우도 있지만 '버진'이란 브랜드의 사용권을 주고 주식을 받는 방식도 있다. 이 모든 사업을 직접 만들었다면 감당하기 힘들 정도의 돈이 필요했을 것이다. 둘째 그의 성격이다. 리처드 브랜슨은 어느 인터뷰에서 '버진은 즐거운 삶이라는 가치를 파는 일'이라 말했다. 그 말 그대로 '즐거운 삶'과 연결된 모든 것에 관심이 있고 일을 벌인다.

이렇게 즐거운 삶을 유지하기 위해서는 리처드 브랜슨 자신의 삶 자체가 '즐거워야 한다.' 그는 즐거운 삶을 살고 있을까? 물론이다. 웨딩드레스 회사 '버진 브라이드'를 홍보하기 위해 직접 신부 의상을 차려입고 나타나고, '버진 콜라'를 출시하면서는 미국의 상징 '코카콜라'를 타깃으로 삼아 뉴욕에서 탱크를 타고 나타나 코카콜라 간판에 대포를 쏘는 퍼포먼스를 펼치기도 했다. 괴짜라는 말이 가장 잘 어울리는 그는 기업가 정신을 인정받아 2000년 기사 작위를 수여받았다.

이런 즐거움은 무모함으로 이어져 여러 차례 위기가 됐다. 그중 우주 사업과 연결되는 두 가지 일화를 보자.

첫 번째는 열기구 횡단이다. 그는 1987년과 1991년 두 번 열기구를 타고 대서양을 횡단하는 모험을 떠났다. 그리고 둘 다 죽을 뻔했다 살아났다. 이 두 번의 위기를 겪고 나서 위험한 스포츠에 참여하는 것을 자제하기로 했으나, 글쎄 그에게는 어려운 일일 것이다.

두 번째는 버진 항공사를 만든 일이다. 1984년 바하마의 한 섬에서 휴가를 즐기던 그는 승객 부족으로 항공기 운항이 취소되는 일을 겪었다. 보통 이런 경우라면 화를 내고 다른 표를 구하려 할 텐데 다른 방법을 택했다. 보잉 항공사에 전화를 걸어 비행기 한 대를 2,000달러에 빌렸다. 그리고 칠판에 '버진 항공사' 버진 아일랜드 편도 비행 39달러라고 썼다. 같은 해 10월 버진 애틀랜틱 항공이 설립됐다.

즐거움, 무모할 정도의 도전, 이 두 가지가 바탕이

된 그의 다음 관심사가 우주를 향한 건 어쩌면 당연한 일이다.

버진 갤럭틱 설립

리처드 브랜슨은 일론 머스크나 제프 베이조스처럼 우주를 향한 엄청난 사명감을 가지고 있지 않다. 그렇다면 왜 우주를 꿈꾸게 되었을까. 가장 멋진 도전이기에 우주를 택한 걸까? 이에 대해서는 당사자만이 답할 수 있기에 그가 한 이야기에서 살펴보자. 리처드 브랜슨은 한 TV 프로그램에 출연했다가 우주여행을 꿈꿔본 적이 있느냐는 소년의 질문을 받았다. 이 질문이 항공 우주 산업에 대해 생각하는 계기가 됐고, 버진 갤럭틱에 대한 아이디어를 구상하는 데 도움이 되었다고 했다. 아이디어만으로는 아무것도 되지 않는다. 일론 머스크가 우주 사업을 위해 로켓을 구했듯 리처드 브랜슨 역시 로켓을 직접 만들든가 아니면 구매해야 했다. 리처드 브랜슨에게는 후자가 더 맞았다.

일반인의 참여를 이끌고 경쟁을 시키기 위해서는 매력적인 대회와 상금이 있어야 한다. 누군가는 상금을 위해, 누군가는 명예를 위해, 누군가는 순수한 재미로 참여할 수 있기 때문이다. 그러니 일단 판은 커야 했다.

기술 발전을 촉진하기 위해 공개적으로 경쟁을 주도하는 엑스프라이즈 재단은 2004년 민간 우주선 개발 대회를 연다. 지구와 우주의 경계를 뜻하는 카르만 라인 100km 고도에 도달한 후, 10분 이상 비행, 지상에 돌아온 후 비행선은 재사용할 것이 미션이었다. 이 세 가지를 모두 달성한 팀에 주어지는 상금은 1,000만 달러였다. 승자는 마이크로소프트의 공동 창업자 폴 앨런이 투자한 '스페이스십 원' 팀이었다. 이 우주비행선의 독특한 점은 모선과 우주선 두 개로 나뉜다는 점인데, 모선은 화이트 나이트란 이름의 터보 제트기다. 이 제트기로 14km까지 올라간 후 '스페이스십 원'이 분리되어 100km 상공 이상에 도달한 후 다시 귀환해 상금을 차지했다.

'스페이스십 원'이 놀라운 건 민간 자본으로 개발해 우주 공간에 도달하는 데 성공한 첫 우주선이기 때문이다. 리처드 브랜슨의 마음을 끌기에 충분한 도전거리였다. 같은 해 그는 버진 갤럭틱을 창업했다.

버진 갤럭틱의 목표 – 우주 관광

스페이스십 원의 기체를 보면 100km인 우주 근처까지는 갈 수 있지만 달까지 가는 건 무리다. 나머지 두 회사와 달리 리처드 브랜슨의 목표는 명확하다. 우주여행.

좀 더 직접적으로는 '우주 관광'이다.

물론 앞으로 달이나 화성 등 새로운 행성으로의 여행이 안정적으로 시작된다면 버진 갤럭틱은 이 분야도 여행 사업으로 보고 뛰어들 가능성이 충분하다. 하지만 지금은 아니다.

일론 머스크가 자신이 가진 천재성과 기술적 이해를 바탕으로 A에서 Z까지 세세하게 관리하는 CEO라면 리처드 브랜슨은 다른 사람에게 믿고 맡기며 자신이 잘하는 걸 하는 스타일이다.

우주 관광 사업의 시작과 함께 브랜슨은 '광고와 홍보'를 시작했다. 그의 멘트는 이러했다. '평범한 일반인들이 곧 우주비행사가 될 수 있다.' 날짜도 명확했다. 2007년. 2004년에 성공하고 3년 후 첫 비행을 시작해 향후 5년간 3,000명을 우주로 비행시키겠다고 장담했다. 2005년에는 파급력이 높은 것으로 유명한 슈퍼볼 광고에 '버진 갤럭틱'을 올렸다. 브랜슨은 '우리는 모두 우주비행사가 될 수 있습니다'라는 메시지를 전했고 티켓 판매를 시작했다.

티켓 가격은 20만 달러였고 2006년이 되자 브래드 피트, 안젤리나 졸리, 톰 행크스 등 셀럽들이 티켓을 샀고, 너도나도 예약해 1,300만 달러의 예치금을 쌓아놓게 됐다. 금방이라도 우주 관광의 시대가 다가올 것처럼 보였다.

버진 갤럭틱의 독특한 우주여행 방식

버진 갤럭틱의 우주여행은 스페이스십 원을 이어받았다. 거대한 모선이 먼저 항공으로 날아오른 후 핵심 기체가 분리되어 우주로 향하는 방식이다.

첫 번째 특징은 'VSS 이브'라는 이름의 비행기다. 일반적인 로켓 회사가 지상에서 수직으로 발사해 우주를 향하는 데 비해 VSS 이브는 활주로를 이용해 날아오른다. 만약 버진 갤럭틱이 다른 기업의 로켓을 이용했다면 그 비용을 감당하기 힘들었을 게 분명하다.

두 번째 특징은 VSS 유니티 우주선 내부 디자인이다. 지금까지의 우주선들은 임무를 중시해 만들어졌다. 우리가 생각할 수 있는 우주선의 내부는 좁고, 다양한 기계로 가득 차 있는 모습이다. 그런데 버진 갤럭틱의 우주선은 다르다.

'와!' 소리가 나올 만큼 세련되었으며, 좌석 6개는 뒤로 편하게 누울 수 있게 되어 있다. 여기에 커다란 원형 창문들이 배치되어, 우주에서 지구를 보기에 편하다. 버진 갤럭틱의 목표는 여행이라는 걸 잘 알 수 있다.

» 버진 갤럭틱의 우주선. (출처 : 버진 갤럭틱)

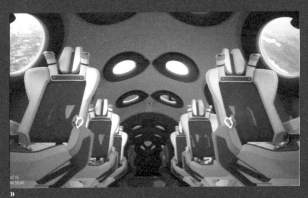

» 버진 갤럭틱의 우주선 실내 모습. (출처 : 버진 갤럭틱)

마지막으로 비행방식이다. 스페이스십 원처럼 VSS 이브는 VSS 유니티를 결합한 상태로 고도 15,000m까지 올라간다. 여기에서 마치 전투기에서 미사일을 분리해 발사하듯 유니티가 분리되어 우주를 향해 발사된다. 우주를 향해 쏘아 올린 유니티는 지구의 중력을 뚫고 성층권, 중간권보다 높은 88km가량까지 도착한 후 잠시 머물렀다가 지구의 중력을 이용해 지상으로 내려온다.

이를 아주 간단히 이야기하면 하늘을 향해 힘껏 야구공을 던졌을 때, 하늘 높이 올라간 야구공이 포물선을 그리며 지상으로 낙하하는 것과 같다.

여기서 중요해지는 건 우주여행 시간이다. 인공위성처럼 궤도에 올라 한 바퀴를 도는 것도 아니고 우주로 나갔다가 지상으로 돌아오는 데 어느 정도의 시간이 걸릴까. 지상에서 이륙해 고도 13~15km까지 가는 데 걸리는 시간은 50분, 분리된 우주선 '유니티'는 로켓을 점화해 우주에 오른다. 우주에서 머무는 시간은 4~5분이며, 지구로 활강해 돌아온다. 이륙에서 착륙까지 걸리는 시간은 90분 정도다.

전체 우주여행에 걸리는 시간 90분. 짧다. 게다가 우주에서 지구를 보는 진짜 '우주여행'에 해당하는 시간은 불과 5분밖에 되지 않는다. 그럼에도 사진과 영화로만 보던 푸른 지구의 모습을 직접 본다는 것, 다른 사람은 쉽게 할 수 없는 일이라는 건 부자들의 지갑을 열기에 충분했다. 다만 실제로 우주여행이 시작되기까지는 꽤 오랜 시간이 걸렸다.

2021 버진 갤럭틱, 우주를 향하다

2007년 버진 갤럭틱은 '리처드 경의 비행 훈련'이란 영상을 공개했다. 브랜슨이 훈련하는 모습을 보여주는 영상으로, 티켓을 사서 기다리는 사람들에게는 '곧 여러분도 이렇게 훈련해야 한다'는 안내였다. 하지만 이때부터 우주여행 시점은 점점 늦춰진다. 2008년, 2009년, 2010년, 드디어 2013년이 되어서야 버진 갤럭틱은 첫 시험비행을 시작할 수 있었다. 생각해보자. 적은 돈도 아니고, 20만 달러를 미리 내고 계속 뒤로 밀리기만 하는 우주여행 상품을 기다려야 한다. 게다가 상당한 재력이 있는 사람들이 고객이기에 마음만 먹는다면 버진 갤럭틱은 소송의 늪에서 헤어나오지 못할 수도 있다.

이 부분 역시 리처드 브랜슨은 자신만의 스타일로 이겨낸다. 매년 티켓 구매자에게는 선물이 도착했다. 우주선을 상징하는 단추, 재킷, 우주비행사를 위한 ID 카드, 여기에 더해 신형 모델 '화이트 나이트 2'를 직접 눈으로 확인하게 하는 등 지속적인 정보 제공과 관리를 통해 꾸준히 우주여행이 준비되는 느낌을 받게 했다.

하지만 다시금 우주여행은 연기됐다. 2014년 모선에서 분리된 우주선이 추락하는 사고가 발생했다. 조종사 중 1명은 숨지고 1명은 중상을 입은 사고였다. 이때의 우주선 이름은 VSS 엔터프라이즈. 추락사고 후 2016년이 되어서야 버진 갤럭틱은 다시 테스트 비행을 이어갈 수 있었다.

드디어 2021년 7월 11일 버진 갤럭틱의 우주를 향한 여행이 시작됐다. 미국 뉴멕시코에 있는 버진 갤럭틱의 우주공항 스페이스포트 아메리카에서 이미 70세를 넘긴 리처드 브랜슨 회장, 시리야 반들라 등 6명이 탑승한 모선 '이브'가 이륙했다. 55분 후 14km 상공에서 우주선 '유니티'가 분리됐고, 60초 후 마하 3의 속도로 고도 86km 상공에 올랐다. 여기서 이들은 안전벨트를 풀고 무중력을 경험한 후 무사히 귀환했다.

성공한 후 그는 "우리는 우주를 모든 이에게 쉽게 접근 가능하도록 했다"며 '새로운 우주 시대의 새벽'을 이야기했다. 민간 우주 기업이 우주 관광 목적으로 짧은 우주여행을 성공시킨 첫 사례였다.

성공 이후에는 뭘 해야 할까. 일반 기업이라면 연구

70세를 넘긴 리처드 브랜슨 회장을 비롯해 총 6명이 우주비행에 나서 고도 86km 상공에 올라 무중력을 경험한 후 무사히 귀환했다.
(출처 : 버진 갤럭틱)

자료를 모아 발표하는 데 신경 썼겠지만 버진 갤럭틱은 다르다. 바로 그동안 중단한 우주여행 티켓을 다시 판매하기 시작했고 가격은 좌석당 45만 달러로 올렸다. (기존 티켓에 비해 두 배가 넘는 가격이다.)

이제 시작이다. 그동안 티켓을 사고 기다리던 사람은 환호했고, '과연 저게 가능할까?' 하고 의심하던 사람은 조금 더 오른 가격에 아쉬워하며 서둘러 구매하지 않았을까? 아쉽게도 실제 민간인 우주여행이 이루어진 건 다시 2년을 기다린 2023년이었다.

그건 '안전 문제' 때문이었다. 미국 연방항공청

(FAA)은 항로를 이탈했다는 이유로 우주선 발사에 제동을 걸었다. 유니티 22호가 착륙하는 과정에서 1분 41초가량 지정된 항로를 벗어났다는 게 이유였다. 우주 관광 상품이 본격적으로 시작되기 전 혹시라도 모를 사고를 예방해야 하는 건 당연한 일이다.

조사가 완료된 건 2021년 10월이었다. 하지만 버진 갤럭틱은 우주선의 기술 검토와 개선을 제대로 끝내겠다 했고 2022년 9월 무인 비행을 다시 시작했다. 아쉽게 이때도 이륙 후 사고가 발생해 상업용 비행은 다시금 연기됐다.

2023 첫 민간 상업용 우주비행을 시작하다

2023년 드디어 상업용 우주비행이 시작됐다. 먼저 6월에는 탑승객 3명을 태우고 비행에 성공했다. 이 3명은 모두 이탈리아 정부 직원으로 '비용을 제대로 지불'하고 탑승했다.

8월, 오랜 기다림이 끝났다. 이번에도 3명이 우주로 향했다. 한 명은 2005년 버진 갤럭틱에서 티켓을 구매한 사람 중 80세의 전직 카누 선수 존 굿윈이다. 그는 고령에 2014년 파킨슨병 진단까지 받은 사람으로 버진 갤럭틱 입장에서는 어느 정도 상징성이 있어 선택했을 것이다. 나머지 2명은 비영리 단체인 '스페이스 포 휴머니티'에 기부한 사람 중 추첨을 하여 16만 명이나 되는 경쟁자를 이기고 선정된 샤하프와 메이어스 모녀. 이들의 비용은 전액 버진 갤럭틱에서 후원했다. 이 비행이 성공한 이후 버진 갤럭틱은 매달 우주여행용 우주선을 발사하겠다고 했다.

버진 갤럭틱, 우주여행 그 이후를 꿈꾸다

지금 당장은 우주여행 상품에 집중하고 있지만 리처드 브랜슨이 그것 하나만을 염두에 두고 사업을 진행할 리는 없다. 버진 그룹은 '버진 오빗'이라는 우주 관련 기업을 하나 더 가지고 있었다. (버진 오빗은 '위성 발사 전문 업체'로 2017년 설립됐다.) 버진 갤럭틱에 있던 사업 부문을 분사해 따로 회사를 만들었는데, 생각해보자. 우주와 가장 가까운 곳까지 제트기로 올라가 거기서 우주선을 우주로 쏠 수 있다면 다른 것도 쏠 수 있지 않을까? 예를 들어 소형 위성은 어떨까. 바로 이 부분에 주목했고 실제로 2021년 1월 위성 발사에 성공했다. 여기에 모선 보잉 747을 개조한 '코스믹 걸'이 있고 '런처 원'이란 이름의 2단 로켓을 부착했다.

기존의 로켓 발사 방식과 너무도 다른 방식이지만

영리한 방법이라는 평가도 있었다. 지상에서 발사하기 위해서는 거대한 발사대가 있어야 하고, 추진체를 수직으로 세워야 하며 지상에서 로켓이 제대로 발사되기 위한 이륙부터가 어렵다. 그런데 하늘에서 로켓을 바로 발사할 수 있다면? 지상에서는 보잉 747기가 이륙할 수 있는 활주로만 있으면 된다. 장소 역시 하늘 어디에서나 발사할 수 있기에 자유롭다.

다만 단점도 확실했다. 버진 오빗을 통해 우주로 보낼 수 있는 최대 중량은 300kg 정도였다. 1회에 300kg 이하의 물건들만 배송할 수 있기에 회당 발사 대비 비용은 수익화하기에 어려운 구조였다.

급기야 2023년 1월 영국 콘월에서 진행한 발사가 실패하며 경영난은 가속됐고 결국 2023년 5월 설립 6년 만에 버진 오빗은 폐업하기에 이른다. 이 영향은 일본과 우리나라에도 미쳤다. 일본은 2020년 오이타현과 버진 오빗이 '오이타 우주공항' 건설 제휴를 맺었다. 오이타현은 우주공항 건설은 계속해서 진행한다고 했지만 영향을 받을 수밖에 없다. 우리나라는 어떨까. 제이스페이스홀딩스는 2023년 상반기 버진 오빗과 협업해 위성 발사 서비스를 시작한다며 투자자를 모았다. 하지만 결국 이 회사는 비상장주식을 팔고 잠적해 수사가 진행 중이다.

따라서 당분간 리처드 브랜슨은 우주 인터넷은 원웹을 통해, 우주여행 사업은 버진 갤럭틱을 통해 두 곳에 집중할 것으로 보인다.

블루 오리진

2021년 7월 버진 갤럭틱의 우주여행 성공을 응원하면서도 아쉬웠을 게 분명한 회사가 있다. 바로 제프 베이조스의 블루 오리진이다. 블루 오리진과 버진 갤럭틱이 추구하는 여행 방식은 상당히 비슷하기 때문이다. 두 회사는 우주선의 생김새, 발사 방식, 목표가 다르고 지구에서 우주 밖으로 나갔다가 다시 돌아온다는 핵심 여행 방식이 같다. 하나씩 알아보자.

뉴셰퍼드, 우주여행을 시작하다

블루 오리진의 우주여행을 위한 로켓은 '뉴셰퍼드'다. 뉴셰퍼드는 버진 갤럭틱보다 9일 후인 7월 20일 첫 번째 우주여행을 시작했고, 성공했다. 이 날은 1969년 닐 암스트롱이 달에 발자국을 낸 지 52년이 된 상징적인 날이었다. 상징적인 날이지만 버진 갤럭틱에 세계 최초라는 타이틀은 뺏기게 됐다. 묘하게도 냉전 시대 소련에 한발짝 뒤처진 미국이 생각난다.

제프 베이조스는 이 역사적인 날에 우주여행을 혼자 혹은 아는 사람들끼리 조용히 다녀오고 싶지는 않았다. 무엇보다도 거대 자본을 가진 민간 기업들이 우주여행에 뛰어드는 것을 '부자들의 놀이'로 보는 분위기도 있었다.

블루 오리진이 택한 건 '경매'와 '기부'라는 관심도 끌고 의미도 있는 이벤트였다. 블루 오리진은 아이들을 위한 과학 재단 '미래를 위한 클럽'에 기부하는 조건으로 10월 2일까지 경매를 진행했고 티켓 입찰을 받았다. 그리고 10월 12일, 실시간 온라인으로 최종 낙찰자를 정했다. 이 우주여행 티켓을 놓고 1차 입찰에는 136개국 5,200명이, 140만 달러에서 시작한 2차 입찰에서는 최고가가 240만 달러(약 27억 원)까지 올라갔다. 최종적으로 2,800만 달러(약 312억 원)에 낙찰되었다. 버진 갤럭틱의 45만 달러(약 5억 원)와는 비교할 수 없을 정도로 어마어마한 금액이었다.

뉴셰퍼드의 탑승자는 제프 베이조스와 동생 마크 베이조스, 82세 여성 윌리 펑크, 18세 대학생 올리버 다면 총 4명이었다. 이 중 윌리 펑크는 1960년대 나사의 머큐리 프로젝트에서 선발된 예비 우주비행사 중 한 사람이어서 더 의미가 있었다. 우주로 나아가고 싶던 꿈이 늦었지만 이루어진 순간이었고 블루 오리진 입장에선 '고령자'도 얼마든지 가능한 여행이라는 걸 보여줄 수 있는 기회였다. ('고령의 부자들이여, 기회가 있으니 바로 입금하세요!'라고 외치는 듯하다.) 대학생 올리버 다먼은 조 다먼 서머셋 캐피털파트너스 대표의 아들이다. 신원을 공개하지 않은 2,800만 달러(약 320억 원)의 경매 낙찰자가 우주여행을 포기하며 차순위인 조 다먼이 선정되었으나 아들에게 이 자리를 양보했다.

여행을 마치고 안전하게 지구로 착륙한 베이조스는 '사상 최고의 날'이라며 소감을 전했다.

뉴셰퍼드가 도달한 궤도는 100km다. 이 궤도를 국제항공연맹(FAI)에서 정한 카르만 라인이라고 하는데 이걸 넘어서느냐 아니냐가 우주에 도달했느냐 아니냐를 가르는 중요한 기준이다. 앞선 버진 갤럭틱은 미국 나사와 연방항공우주국(FAA)이 정한 우주인 고도 80~90km 사이까지 올랐다. 그래서 실질적인 우주여행은 아니라는 이야기를 하는 등 우주여행 사업을 하는 회사들이 기싸움을 하기도 한다.

뉴셰퍼드의 우주여행 방식

이 둘이 우주선을 운영하는 방식은 같다. 둘 다 우주선을 쏘아 올려 지구 밖으로 잠시 나가 우주에 오른 후 바로 내려와 착륙하는 방식이다. 하지만 방식은 같아도, 크게 보면 다르다.

VSS 유니티가 비행기 형태의 우주선인 데 비해 뉴셰퍼드는 전통적인 로켓 발사 방식을 택했다. 지상에서 우주로 길이 18m의 로켓 뉴셰퍼드를 발사해 일정 고도에 오르면 탑승객들이 타 있는 캡슐을 우주로 발사한다.

뉴셰퍼드 역시 스페이스 X처럼 재활용 로켓이다. 재활용 로켓이 아니라면 비용 때문에 우주여행 사업을 하기란 힘들다. 따라서 우주를 향해 발사한 후 캡슐은 우주여행이 끝난 다음 지구로 귀환하며, 로켓도 다시 착륙해 재활용할 수 있다.

분리된 캡슐은 우주를 잠시 유영하다가 낙하산을 펼쳐 지상으로 귀환한다. 버진 갤럭틱과 상당히 유사한데, 그렇다면 총 우주여행 시간은 어느 정도일까? 아쉽게도 VSS 유니티보다 짧다.

로켓이 발사된 후 3분 만에 상공 80km에 도달한다. 여기서 분리된 캡슐은 100km까지 상승한다. 이 우주 공간에서 무중력을 경험한 후 지상으로 내려와 착륙할 때까

COMPARE THE
NEW SHEPARD
EXPERIENCE

BLUE ORIGIN | GALACTIC

	BLUE ORIGIN	GALACTIC
Flies above the Kármán line (internationally recognized boundary of space, 100 km)	Yes	No
Vehicle type	Rocket	High altitude airplane
Windows	Largest windows in space 42" x 28" (107 cm x 71 cm)	Airplane-sized windows
Escape system	Yes	No
Ozone layer impact*	Minimal Exhaust is water with minimal impact on environment	High Hybrid rocket engine with HTPB & nitrous oxide. 100x more harmful
Flight history	15 Safe flights	3 Flights above 80 km

* **A recent study (arc.alaa.org)** by Martin Ross of Aerospace Corporation examined the two types of suborbital vehicles: (1) an air launch spaceplane type using a hybrid (N2O and hydrocarbon-based solid propellants) rocket motor and (2) a ground launch type using a liquid hydrogen/liquid oxygen engine (O2 and hydrogen propellants). It reported that a liquid hydrogen/liquid oxygen rocket engine (which Blue Origin uses) has 100x less Ozone loss and 750x less climate forcing magnitude than an air-launched hybrid engine (which Virgin Galactic uses).

www.BlueOrigin.com

»
블루 오리진 '뉴셰퍼드'와 버진 갤럭틱 'VSS 유니티'의 우주여행을 비교하는 내용. (출처 : 블루 오리진)

지 모두 11분가량이 걸린다. 무중력 경험 시간도 VSS 유니티와 비슷한 4~5분이다. 짧다.

로켓을 타고 우주로 가기에 정말 우주여행 같은 느낌을 주지만, 이륙에서 착륙까지 11분밖에 되지 않는다는 건 앞으로도 고민이 될 수밖에 없다. 반면 VSS 유니티는 무중력 기간은 같지만 하늘 끝까지 오른 후 다시 내려오는 시간이 길기에 그만큼 '여행'을 즐길 시간이 주어진다.

물론 둘 중 어느 여행이 더 성공을 거두게 될지는 앞으로 지켜봐야 할 일이다.

블루 오리진 우주여행의 특징 3가지

블루 오리진의 우주여행은 다른 회사들과 같으면서 다른 3가지 특징이 있다.

첫째, 자체적으로 만든 재사용 가능 로켓이다. 뉴셰퍼드의 발사 모습과 착륙 모습을 보면 하늘 끝까지 올라갔다가 꼭대기의 캡슐을 톡 하고 쏜 후 다리를 펴고 지상에 내린다. 정말 대단한 기술이다. 이게 대단해 보이지 않는다면 이미 스페이스 X의 재발사 로켓에 익숙해졌기 때문이다.

둘째, 실내 모습이다. 정말 넓고 쾌적하다. 총 6명의 승객은 자신만이 볼 수 있는 커다란 창문을 가진다. 이 창

뉴셰퍼드 내부 모습. (출처 : 블루 오리진)

문의 크기는 캡슐 표면 면적의 1/3에 가깝다. 지금까지 만들어진 우주선 중 가장 큰 창문이라고 블루 오리진은 말한다. 의자 역시 VSS 유니티처럼 리클라이너라 승객들은 편하게 누워 우주를 관람할 수 있다.

    이 두 특징은 점점 차별점이 되기는 어렵다. 하지만 블루 오리진만의 특징이 하나 있다. 바로 '완전 무인' 조종이라는 점이다. 와! 우주로 가는 우주선이 '무인'으로 움직인다니 가능한 일일까? 물론이다. 심리적으로는 우주선을 조종할 비행사가 함께 타는 게 안심이 된다. 하지만 운영비 측면에서는 무인이 낫다. 매번 여행마다 조종사의 무게만큼 비용을 지출한다면 이것도 상당한 금액이다. 무인 우주여행이라는 타이틀만큼은 블루 오리진이 세계 최초다. 자신만의 두뇌를 가진 첨단 로켓, 뉴셰퍼드를 새롭게 정의하는 말이다.

블루 오리진 우주여행의 미래

블루 오리진은 '거북이'에 비유된다. 토끼처럼 급하게 움직이지 않고 거북이처럼 천천히 움직이겠다는 뜻이다. 그들의 우주여행 역시 마찬가지다. 급하지 않게 천천히 안정적으로 1차 비행을 끝낸 후 2차, 3차, 4차, 5차 여행까지 성공을 거뒀다. 매번 여행 때마다 홍보가 될 수 있는 사람들과 함께 한 것도 특징이다.

2차 여행은 영화 〈스타트렉〉의 배우 윌리엄 샤트너가, 3차 여행은 〈굿모닝 아메리카〉 진행자 마이클 스트레이헨과 미국 최초의 우주인 앨런 셰퍼드의 딸 로라 셰퍼트가 탑승했다. 4차 여행의 탑승자는 블루 오리진의 기술자 게리 라이와 유료 승객 5명으로 193개국을 여행한 모험가 짐 키친, 전 나사 직원 조지 널드 박사, 개인투자자 마티 앨런, 부동산 개발 회사를 운영하는 헤이글 부부가 함께였다.

윌리엄 샤트너는 〈스타트렉〉에서 '제임스 커크 선장'을 맡은 인물이다. 착륙한 후 "상상할 수 있는 가장 심

오한 경험을 했다"고 말했다. 평생 동안 우주에 있는 것처럼 연기를 한 그가 정말 우주를 다녀온 건 꿈이 현실이 된 지금을 말하기 너무 좋은 소재였다.

우주여행을 마친 사람들은 대부분 '정말 대단했다', '믿을 수 없다'라고 했는데, 우주에서 지구를 보면 공통적으로 지구를 더 사랑하게 된다는 이야기다. 2022년 6월 5차 우주여행이 끝난 후 여행은 잠시 중단됐다.

2022년 9월 뉴셰퍼드의 23번째 발사가 진행되었다. 사고가 났다. 뉴셰퍼드는 1분 4초 후 불꽃을 뿜었다. 다행히 사람이 타지 않은 테스트라 무인 캡슐이었고, 캡슐은 안전하게 사막에 착륙했다. 블루 오리진은 '부스터 엔진 고장'이 원인이며, 캡슐의 탈출 시스템은 제대로 실행됐다고 했다. 어쨌든 사고는 사고다.

앞서 이야기한 버진 갤럭틱의 경우에는 인명사고(조종사)였고 복귀하는 데까지 오랜 시간이 걸렸다. 블루 오리진의 사고는 미국 연방항공청(FAA)이 조사했고, 2023년 10월 엔진 노즐의 결함을 사고 원인으로 지목했다. 이어 21가지 시정 조치가 내려졌고 2023년 12월 15개월 만에 다시 발사를 시작할 수 있었다.

스페이스 X

새로운 시도, 새로운 수익의 기회를 일론 머스크가 놓칠 리 없다. 화성 프로젝트를 시작하며 로켓을 만들었고 운송을 시작했으며, 스타링크를 통해 우주 인터넷 사업을 시작했다. 이미 여러 차례 국제우주정거장에 운송을 해본 경험으로 볼 때 우주여행 사업을 하는 건 크게 어려운 일이 아니라 판단했을 것이다.

스페이스 X, 우주여행을 시작하다

2021년 9월 15일, 스페이스 X는 우주여행을 위한 우주선 '크루 드래건'을 팰컨 9호 로켓에 탑재해 발사했다. 2분 30초 후 로켓은 우주 궤도에 도착해 여행을 시작했고 9월 19일 무사히 지구 귀환에 성공했다.

탑승 인원은 총 4명으로 의사, 대학강사, 데이터 기술자, 그리고 이들의 비용을 모두 지불한 억만장자이자 사업가 '시프트 4 페이먼츠'의 제러드 아이잭먼이었다. 이들은 전부 민간인으로 6개월간 훈련을 받고 우주여행에 나섰다.

크루 드래건이 도달한 최고 고도는 585km였고,(국제우주망원경보다 높은 고도) 음속의 약 22배 속도로 매일

스페이스 X의 우주여행 과정을 담은 넷플릭스 드라마. 6개월간 훈련 받은 민간인 4명이 우주선 '크루 드래건'을 타고 2021년 9월 15일부터 19일까지 매일 지구를 15바퀴 돌았다. (출처 : 넷플릭스)

지구를 15바퀴 돌았다. 이 속도는 지구를 도는 데 겨우 90분밖에 안 걸리는 엄청난 속도다. 먼저 우주여행에 성공한 버진 갤럭틱, 블루 오리진보다 훨씬 높은 고도와 더 긴 여행이었다. 이 전체 프로젝트는 '인스피레이션 4호'로 불렸는데, 승무원 확정에서 훈련, 발사, 여행, 귀환에 이르기까지 모든 과정을 넷플릭스 드라마로 만들어 공개했다.

아이잭먼의 '시프트 4 페이먼츠'는 신용카드 결제를 전문적으로 하는 회사다. 파일럿으로 에어쇼에 참가하기도 했으며 군대와 방위산업체에 비행 훈련을 제공하는 회사를 창업하기도 했다. 전체 우주여행을 설계한 그는 우주여행이 끝난 다음에는 더 높은 궤도에 올라 스페이스 X의 우주복을 입고 우주 유영을 하겠다 했다.

스페이스 X 우주여행의 3가지 특징

스페이스 X의 우주여행은 버진 갤럭틱, 블루 오리진과 다르다. 버진 갤럭틱이 '아, 우주여행은 앞으로 이렇게 이루어지겠구나' 하는 평소 비행기를 타고 하늘을 날던 경험을 우주로 확장해주었다면, 블루 오리진은 '그렇지, 우주여행을 하려면 비행기가 아니라 로켓을 타야지'로 확장시켰다. 스페이스 X는 명확하다. 우주에 떠 있는 크루 드래곤을 보면 '와, 이게 진짜 우주여행이지'라는 생각이 든다.

스페이스 X의 우주여행에서 확인할 수 있는 3가지 특징을 알아보자.

첫째, 우주여행 기간이다. 버진 갤럭틱과 블루 오리진의 우주여행은 비행기로 어느 높이까지 올라갔다가 발사하느냐, 보통의 로켓처럼 수직 발사하느냐의 차이만 있을 뿐 지구 밖으로 쏘아 올렸다가 바로 다시 착륙하는 방식이라는 게 같다. 과연 이런 방식을 우주여행이라 할 수 있을까? 짧은 시간 안에 무중력을 체험하고 다시 내려오다 보니 우주여행이라기보다는 '우주 관광'에 가깝다.

스페이스 X의 우주여행은 최소 3일간 우주에 머물게 된다. 4~5분과 3일. 그 차이는 너무 크다.

물론 우주 관광은 짧은 만큼 장점도 있다. 하나는 리스크가 적다. 우주에 오래 머물수록 불확실성과 컨트롤해야 할 게 많기 때문에 이에 대한 모든 것은 리스크가 된다. 반면 잠깐 지구 밖으로 나갔다가 돌아오는 건 짧기에 리스크가 적다. 우주에 오래 머물려면 그만큼 기체가 튼튼해야 하고, 지구로 돌아오기 위한 연료도 충분해야 한다. 이를 제어하기 위한 각종 시스템부터 하나하나 준비해야 할 게 많아진다.

탑승객의 리스크도 생각해야 한다. 4분만 나갔다가 돌아오는 건 비행기를 타는 것과 다르지 않다. 비행기를 탈 때는 따로 훈련을 받지 않는다. 하지만 우주에 3일 이상 머무르는 건 다르다. 먹어야 하고, 자야 하고, 화장실을 가야 한다. 정말 우주인처럼 훈련받지 않으면 할 수 없는 일이다. 그렇기에 스페이스 X의 훈련은 6개월이 걸렸다. 진짜 우주비행사처럼 강인한 체력 훈련은 물론 돌발 상황에도 대응하는 법을 배워야 했기 때문이다.

버진 갤럭틱은 3일간의 짧은 훈련기간을 거친다. 블루 오리진도 하루 정도만 훈련하면 될 정도다. 많은 돈을 내고 하는 우주여행이기에 3일 혹은 1주일이 소요되어도 마치 패키지 여행 상품을 다녀오는 것처럼 즐길 수 있다. 하지만 일상생활이 있는 사람에게 6개월은 따로 시간 내서 훈련받기에 너무 길다.

둘째, 우주선 내부다. 다른 두 회사도 내부 디자인에는 정말 신경을 많이 썼다. 특히 신경을 쓰는 곳은 '창'이다. 우주여행 중에 우주를 볼 수 있어야 하기 때문이다. 인스피레이션 4호에서 특이한 부분은 '커플라'라는 이름의 창이다. 우주선 인스피레이션 4호의 크루 드래건 캡슐에는 국제우주정거장에 도킹하기 위한 '포트'가 있다. 하지만 우주여행선은 도킹할 필요가 없기에 이곳을 막고 대신 동그란 창문을 설치했다.

아쿠아리움 같은 대형 수족관에는 물고기가 가득한 수조 바닥에 동그랗게 원형 창문을 만들어 거기에 앉아서 머리를 내밀면 마치 물고기들 사이에 자신도 있는 것처럼 볼 수 있다. 아이들이 꽤 좋아하는 장소 중 하나인데 바로 그 모습을 생각하면 된다. 360도 창문을 통해 여행객들은 마치 우주 안에 들어온 것처럼 지구와 별의 모습을 마음껏 감상할 수 있고 평생 간직할 사진도 남길 수 있다.

셋째, 연계된 더 많은 우주여행 상품이다. 물론 스페

스페이스 X의 우주선 인스피레이션 4호의 '크루 드래건'.
(출처 : 스페이스 X)

이스 X 측에서 여행사처럼 우주여행 상품을 체계적으로 만들어 공개하지는 않았다. 하지만 지금까지 공개한 내용을 바탕으로 정리해보면 스페이스 X의 우주여행은 사흘간의 지구 궤도 여행, 국제우주정거장(ISS) 도킹 후 체험 여행, 그리고 달 궤도 여행의 3가지로 나눌 수 있다.

사흘간의 지구 궤도 여행은 인스피레이션 4호로 시작된 여행으로 가장 범용적인 여행상품이 될 것으로 보인다. ISS에 도킹한 후 체험하는 여행은 이미 있던 상품으로 앞서 이야기한 세계 최초의 우주여행 역시 이 방식을 택했다. 2022년 스페이스 X는 엑시엄 스페이스와 함께 이 여행상품을 진행했는데 Ax-1이란 프로젝트였다. 민간인 탑승자 4명은 크루 드래건을 타고 ISS에 도착했고 여기서 8일을 머물고 지구로 귀환했다.

이들이 낸 비용은 무려 5,300만 달러, 약 675억 원으로 알려졌다. 지금껏 여행상품 중에서 가장 비싼 상품이다. 엑시엄 스페이스는 2023년 말에는 2차, 2024년 이후에는 아예 ISS 안에 관광객들을 위한 객실을 구축해 더 많은 고객을 유치할 거라 밝혔다. 우주 호텔에서의 1주일, 생각만 해도 모험적이고 낭만적이다. 어쩌면 곧 우주에서의 허니문 상품이 나올지도 모른다.

여기서 더 나가 엑시엄 스페이스는 2024년부터 시작해 매년 1개씩 모듈을 우주로 보내 2027년에는 ISS를 대신할 민간우주정거장을 짓겠다는 계획을 세웠다. 이때도 스페이스 X는 계속 파트너 역할을 할 것으로 보인다.

마지막으로 기대하는 건 '달 궤도 여행'이다. 아직까지는 우주여행을 가더라도 지구 근처에서만 머물게 된다. 그런데 이왕이면 달까지의 여행이라면 어떨까? 엄청나게 멋진 일이 될 것이다. 바로 이 프로젝트를 스페이스 X에서 진행하고 있다.

이름도 멋지다. '디어 문(Dear Moon)'. 일본의 억만

민간인 달 여행 미션 '디어 문(Dear Moon)'. (출처 : 스페이스 X)

장자 마에자와 유사쿠가 계획하고 비용을 내서 진행하는 최초의 '민간인 달 여행 미션'이다. 총 8명의 민간인이 탑승해 8일간의 일정으로 진행된다. 지구에서 달까지 가는 데 3일, 달 궤도에서 2일을 돌고, 3일간 지구로 돌아오는 일정이다.

마에자와 유사쿠를 뺀 나머지 7명은 공개 모집 후 선정됐다. 2021년 3월 공개 모집을 시작했고 249개국 100만 명의 사람이 지원했다. 이 중 10명이 최종 선정됐는데 7명은 확정, 3명은 혹시라도 7명에게 무슨 일이 생겼을 때를 대비한 예비 멤버.

우리나라에서 조금 더 주목하면 좋은 이유는 이 중 한 명이 '빅뱅'의 멤버 '탑'이기 때문이다. '탑'이 성공적으로 디어 문 프로젝트를 끝낼 경우 2008년 ISS에 다녀온 이소연에 이은 두 번째 한국의 우주인이 된다. 달은 언제나 수많은 나라에서 수많은 시대 동안 수많은 사람에게 다양한 영감을 주는 원천이었다. 디어 문으로 시작된 예술과의 조화는 이후에도 비슷한 프로젝트를 이끌 것으로 보인다. 다만 이를 위해서는 스페이스 X의 초거대 우주선 '스타십'이 안정적으로 서비스를 할 수 있어야 한다.

우주여행,

일상이
될 수
있을까?

더 저렴하게, 더 대중적으로

우주여행. 글을 쓰는 지금도 설렌다. 인류의 꿈 중 하나인 우주가 이제는 '돈'만 충분하다면 갈 수 있는 '현실'이 됐다. 하지만 항상 돈이 문제다. 과연 우주여행은 대중화될 수 있을까? 대중화의 기준을 어떤 것으로 잡느냐에 따라 다르겠지만 가장 먼저 생각해야 하는 건 역시 '비용'이다.

스페이스 X나 블루 오리진은 티켓 가격을 정확히 공개하지 않아 현재까지 확실하게 알 수 있는 건 버진 갤럭틱이므로 이를 기준으로 삼아보자. 버진 갤럭틱의 우주 여행 비용은 티켓당 약 5억 원이다. 5억 원. 5분간 우주를 보는 데 들어가는 비용이니 분당 1억 원이다. 대중화되기 위해서는 더 저렴해져야 한다.

이를 위해서는 두 가지 조건이 충족되어야 한다.

하나는 비행 횟수를 늘리는 일이다. 지금과 같은 대규모 인원이 생각보다도 저렴한 금액으로 온 세상을 이동할 수 있게 된 건 항공 기술의 발전과 경쟁 때문이었다. 만약 모든 항공기가 어느 한 지역으로 이동하는 편도로만 운영되고 한 번 사용한 항공기는 버려야 한다면 항공여행 금액은 엄청나게 비쌌을 게 분명하다. 마찬가지다. 지금 우주여행 비용이 저렴해지려면 재사용 로켓과 캡슐의 지속적인 활용으로 비행 횟수를 늘려야 한다.

또한 재발사까지의 정비 시간을 줄여야 한다. 비행기는 하늘에 떠 있어야 수익이 되기 때문에 지상에 있는 시간을 무조건 줄여야 한다. 저가 항공으로 유명한 미국의 '사우스웨스트 항공'은 지상에서 머무는 시간을 줄이기 위해 기내식 등의 불필요한 서비스들을 제거하기도 했다. 마찬가지다.

아직 로켓은 비행기보다 더 섬세하고 중요한 기체이기 때문에 재정비 시간이 오래 걸린다. 언젠가는 이 시간이 줄어들어 4개월에 한 번이 아니라 매주 발사가 가능한 시점까지 오게 될 것이다. 이때 필요한 건 안전한 재정비와 운영을 위한 '데이터'다.

두 번째 조건은 민간 기업들의 경쟁이다. 현재 개인이 선택할 수 있는 우주여행 회사는 버진 갤럭틱, 스페이스 X, 블루 오리진밖에 없다. 선택의 범위는 너무 적고, 비용도 다 다르다. 더 많은 회사가 뛰어들어야 경쟁이 커지고 비용이 줄어든다. 하지만 로켓과 우주선 기술이 하루아침에 만들 수 있는 게 아니기 때문에 신생 기업과 적어도 10년의 격차가 예상된다. 반면 중국 혹은 러시아는 정부 주도하에서 본격적으로 우주 사업을 추진하기 때문에 이 두 나라에서도 우주여행 회사가 등장할 것으로 보인다.

우주여행 고객은 누구?

아무리 우주여행을 쉽게 갈 수 있는 시대가 되었다고 하지만 누구나 가기란 쉽지 않다. 제일 먼저 이 여행을 갈 사람들은 미리 티켓을 구매해놓은 사람들이다. 5억 원이라는 돈은 누군가에게는 엄청나지만 누군가에는 별로 많지 않은 돈일 수 있다. 금액보다도 평생의 꿈이자, 모험에 투자한 사람들이기에 이들이 먼저 탑승해야 한다. 바로 이 부분 때문에 버진 갤럭틱은 상징성 있는 스타나 유명인을 먼저 태우는 전략을 계속 쓰는 게 부담스러울 것으로 보인다. 블루 오리진 역시 마찬가지로 점점 순수 민간 관광객을 늘려야 한다. 따라서 먼저 여행을 떠날 고객군은 미리 티켓을 구매한 사람들, 티켓을 구매할 수 있을 정도로 돈 많은 부자들이다.

또 다른 고객군은 우주에서의 광고를 원하는 회사들이다. 우주 광고가 처음은 아니다. 이미 1996년 펩시는 러시아 미르 우주정거장을 배경으로 광고를 찍었다. 공식적으로 기네스에 인정을 받은 1997년 투바 밀크의 광고도 있다. 하지만 너무 옛날 이야기다.

가장 최근 강렬한 기억을 남긴 건 2012년 10월의 레드불 광고다. 스카이 다이버 펠릭스 바움가트너가 우주에서 지구로 스카이다이빙을 하는 진짜 '도전'을 보여줬다. 그는 39km까지 오른 후 지구로 뛰어내렸다. 지구로 떨어지는 9분 30초 중 무중력 상태가 3분 44초였다. 그럼 어떻게 39km까지 올라갔을까? 1인승 캡슐을 이용했는데, 로켓이 아닌 '풍선', 헬륨 풍선을 사용했다. 한마디로 풍선에 캡슐을 매달고 하늘로 날린 것. 풍선이라고 무시해서는 안 된다. 완전히 충전하면 무려 180m로 50층 가까운 높이다. 이 거대 풍선을 타고 우주 가까이 오른 후 최소한의 장비만 가지고 뛰어내린 멋진 광고였다.

물론 이 높이는 버진 갤럭틱의 평균 높이인 80km보다 낮기에 지구의 전체 모습이 보이지는 않는다. 그럼에도 이런 '도전적인 광고'는 레드불에 딱 어울렸다.

이제 20년의 세월이 흘렀으니 새로운 광고를 찍을 때가 됐다.

개인이 아닌 회사 입장에서는 5억 원 혹은 10억 원이라 해도 우주에서 5분가량의 광고를 제대로 촬영할 수 있다면 이건 큰 금액이 아니다. 기업들의 고민은 누가 먼저 우주에서 광고를 촬영하느냐에 있지 않을까? 나이키와 아디다스처럼 라이벌 회사라면 빠질 수 없는 광고 전쟁이 기다리고 있다.

마지막으로 각 국가별 연구단체를 생각할 수 있다. 직접 로켓을 쏘아 올려 우주에서 실험할 여건이 되지 않는 나라가 많다. 짧은 순간이긴 해도 무중력 상태에서 꼭 해야 하는 다양한 실험을 할 수 있다면? 여기에 쓰는 연구비는 로켓을 제작하거나 우주선을 제작하는 비용보다 훨씬 저렴하다.

PART 05

우주,

글로벌
기업들의

다음
먹거리

우주를
향한
골드 러시

—

광물
채취를
향해

달 광물, 누구의 것인가

지구 밖을 향한 여행은 멋지지만 그 멋짐은 일부 사람들의 '자랑'은 될 수 있어도 산업 자체가 바뀌거나 지금 당장 우리 삶의 질을 더 높이지는 못한다.

그런데 단순히 우주로 나갔다가 다시 지구로 돌아오는 게 아니라 '무언가'를 가지고 온다면 어떨까. 그것도 지구에서는 비싸게 팔 수 있는 물건이라면? 마치 대항해시대에 다른 나라에서 비싸게 팔릴 수 있는 후추, 소금 같은 물건을 싣고 돌아오는 걸 생각해보자. 지구에서는 비싼 광물을 우주에서 가지고 온다면 이야기가 달라진다.

결국 달이다. 지구 밖에 우리가 갈 수 있는 가장 가까운 장소이다 보니 달을 향한 관심은 언제나 뜨겁다. 그래서 더 고민된다. 달에서 채취한 광물은 누구의 것인가? 달에 여행을 가거나 달을 조사하러 갔다가 기념품으로 월석을 가지고 왔다면 이 월석의 주인은 누구일까.

1967년에 채택된 우주 조약에 따르면 우주는 모두의 것이기에 어떤 국가의 소유도 될 수 없다. 이렇게 되면 기술 발전과 도전은 늦춰질 수밖에 없다. 어느 국가의 소유도 될 수 없다면 연합체에서만 달 사업을 진행해야 하고, 어떤 기업의 소유도 될 수 없다면 어느 기업도 투자할 이유가 없기 때문이다.

우주를 향한 관심은 과연 돈이 되느냐라는 상업적 활동과 맞물리게 되며 각 국가마다 나름의 방침을 정해 대응하는 것으로 바뀐 지 오래다. 2015년 미국은 우주자원 채취 관리법을 통해 미국 기업이 우주에서 광물을 채취하고 이익을 얻는 걸 허용했다. 5년이 지나 2020년 미국 나사는 민간 기업이 달에서 채취한 토양 샘플을 구매하겠다고 했다. 달의 어느 지역에서든 상관없이 50~500g의 월석이나 토양을 채취한 걸 입증하기만 하면 된다.

이걸 위해 아이스페이스, 루나 아웃포스트, 메스튼 스페이스 시스템스 등의 회사들과 계약을 맺었다. 나사는 계약금으로 10%의 금액을 먼저 지급했고, 이 회사들의 우주선이 발사되면 10%, 샘플을 가져와 소유권 이전까지 끝나면 80% 잔금을 지급하기로 했다.

가장 먼저 광물 판매에 성공할 것으로 기대된 회사는 '아이스페이스'다. 아이스페이스는 일본 기업으로 일본 역시 2022년 하반기 '우주자원 탐사와 개발을 위한 상업적 활동 촉진법-우주자원법'을 발효했다. 이 법에 따라 아이스페이스는 토양토본을 판매할 수 있는 면허를 취득했다. 아쉽게도 2022년 12월 달 착륙선을 발사했고 2023년 4월 착륙을 앞두고 있었으나 연료 부족으로 달 표면과 바로 충돌했다. 하지만 이 회사는 포기하지 않고 2024년 4분기에 스페이스 X를 통해 달 착륙선을 발사해 2025년에 착륙하는 것을 목표로 다시 뛰고 있다.

러시아는 이러한 나사의 결정에 거세게 반대했다. 러시아는 지금 달로 우주선을 보내 광물을 채굴할 여유가 없다. 그럼에도 2023년 8월 47년 만에 소유즈 로켓을 통해 '루나 25호'를 달로 발사했다. 달 표면의 암석 샘플 채취와 물을 조사하기로 했으나 아쉽게도 같은 달 19일 달 표면에 충돌했다.

중국 역시 달 탐사와 광물 채취에 빠르게 나서고 있다. 이미 2020년 11월 창어 5호를 달로 보내 2kg 암석과 토양 샘플 채취에 성공했을 정도로 빠르게 움직이고 있다. 이어 2028년까지 창어 7호, 8호를 지속적으로 발사해 달 연구기지를 구축할 예정이다.

같은 달 인도는 찬드라얀 3호를 달에 착륙시키는 데 성공했다. 최초로 달의 남극 근처에 착륙했으며, 달에 착륙한 4번째 국가가 됐다.

국내에서도 2032년 독자적인 달 착륙선을 달에 착륙시키는 것을 목표로 하고 있으나 달에서 광물 채취 시 민간 기업에 그 권한을 주는가에 대해서는 아직 정해지지 않았다. 일본 역시 2024년 1월 소형 탐사선을 착륙시키는 데 성공했다.

달에 땅 하나 사시겠습니까

여러분이 나에게 10만 원씩을 입금한다면 나는 한 강을 쪼개어 1평씩 팔겠다. 어떤가? 어릴 적 들은 '봉이 김선달'이 생각난다. 한강을 판다는 건 말도 안 되는 일이다. 한강은 누구의 소유도 아니고, 명확히 구분할 수도 없기 때문이다. 그런데 '달'은 어떨까. 여러분에게 '달'의 토지를 돈 받고 판다면? 그것도 말로만 파는 게 아니라 정당한 권리증서도 가질 수 있다면? 조금 더 솔깃해진다. 말도 안 되는 이야기지만 달을 파는 회사가 있다. 더 재미있는 건 달을 파는 회사 직원들도 가보지 못했고, 사는 사람들도 어쩌면 영원히 가보지 못한다는 점이다. 그런 회사가 아니다.

달 부동산을 파는 회사 중 가장 유명한 곳은 루나 엠버시(Lunar Embassy)로 데니스 호프가 1980년 설립했다. 이런 말도 안 되는 회사를 차린 그의 주장이 아주 터무니없지는 않다. 앞서 이야기한 나사의 우주 조약에 따르면 우주는 모두의 것이기에 '국가 또는 단체'가 소유할 수 없다. 그런데 이 부분은 말 그대로 '국가 또는 단체'가 소유하는 게 안 되지 '개인'은 가능하다는 주장이다. 뭔가 말이 되는 것 같기도 하고 아닌 것도 같다. 어쨌든 루나 엠버시는 달의 특정 장소들을 지도로 만들었고, 이를 구매한 사람에게 소유권을 부여했다.

이 말도 안 되는 이야기가 말이 되기 시작한 건 샌프란시스코 법원에서 이에 대해 합리적이란 판결을 내렸기 때문이다. 그 후 루나 엠버시는 적극적으로 달을 팔기 시작했고, 달뿐 아니라 화성, 금성, 수성 등 태양계의 나머

달 부동산을 파는 회사 루나 엠버시(Lunar Embassy)는 달의 특정 장소들을 지도로 만들었고, 이를 구매한 사람에게 소유권을 부여했다.
(출처 : 루나 엠버시)

지 행성들의 부동산도 팔고 있다.

　　이 땅은 왜 그리고 누가 사는 걸까? 사는 이유는 명확하다. '내가 달에 부동산이 있어'라며 재미로 구매하거나 지금 내가 아니라 나중에 혹시라도 아이들이……'라는 생각 때문이다.

　　게다가 달을 구매하는 가격도 저렴하다. 달 부동산의 가격은 4,047m²당 24달러인데, 토지 가격 19.99달러에 보유세 1.5달러, 등기세 2달러가 포함된 금액이다. 거의 축구 경기장 크기다. 축구 경기장 하나를 3만 원 정도에 살 수 있으니 재미로 사보기에는 괜찮다고 생각한 사람이 많은 모양이다.

놀랍게도 국내에서도 구매 가능한데, 루나 엠버시 코리아가 있고, 여기에서 달과 화성을 각각 38,000원에 구매할 수 있다.

문제는 루나 엠버시만이 공식적으로 사업을 하는 곳이 아니라는 데 있다. 미국의 스페이스 랜드, 오스트레일리아의 달 부동산 같은 회사도 사업을 하고 있는데 실제로 달 탐사를 넘어 각 나라에서 달 기지를 세우면 한 차례 소송전이 벌어질 것이 분명해 보인다. (물론 승소할 가능성은 희박하다.)

소행성 광물 채취

지구가 아닌 다른 행성에서 광물을 채취한다. 여기서 핵심은 다른 행성까지의 왕복 거리다. 우리가 굳이 멀리 가지 않아도 지구에 가까이 오는 행성, 소행성은 어떨까. 2011년 지구 가까이 온 소행성 UW158에는 약 6,000조 원 가치가 있는 백금 1억 톤이 매장된 것으로 알려졌다.

2016년 9월 소행성 베누의 샘플을 채취하기 위해 나사의 오시리스 렉스* 탐사선이 발사됐다. 탐사선은 2년 후인 2018년 베누에 내렸고 약 2년간 베누를 탐사했다. 드디어 2020년 베누의 샘플을 수집하는 데 성공해 2021년 5월 지구로 출발했다.

다시 2년이 넘은 2023년 9월 오시리스 렉스는 지구에서 10만 km 떨어진 거리에서 샘플이 담긴 귀환 캡슐을 지구에 발사했다. 샘플 분석 결과 탄소와 물이 존재함을 알게 됐다. 달처럼 고정된 천체가 아니라 이동하는 소행성에서 광물을 채취하는 건 더 어렵다. 하지만 기술이 발전하고 소행성에서 더 귀한 광물이 발견된다면 소행성 광물 채취 사업도 탄력을 받을 것이다.

이외에도 미국은 금속 성분의 소행성인 '프시케'를 탐사할 탐사선을 발사했고, 일본도 소행성 '파이톤'에 데스티니 플러스 탐사선을 2024년 발사할 예정이다.

---

* 　오시리스 렉스는 샘플을 보낸 후 다시 아포피스라는 소행성의 착륙을 준비하고 있다. 앞으로 약 13년 후의 일이다.

쓰레기는
쓰레기통에

—

우주
쓰레기
정리사업

우주 쓰레기는 정말 위협적일까

창백한 푸른 별이라 불리기도 하지만 지구는 확실히 '푸르다'. 어쩌면 지구를 대신할 행성은 전혀 없을지도 모른다. 그러니 제프 베이조스는 지구를 깨끗하게 보존하고 우주 식민지에서 경공업을 하자고 하며, 일론 머스크는 아예 화성으로 가자고 한다. 혹시 지구에서 인간이 멸종하면 다시 지구로 돌아오면 된다고 이야기하기도 했다.

그런데 먼저 해결해야 할 문제가 있다. 지구는 깨끗

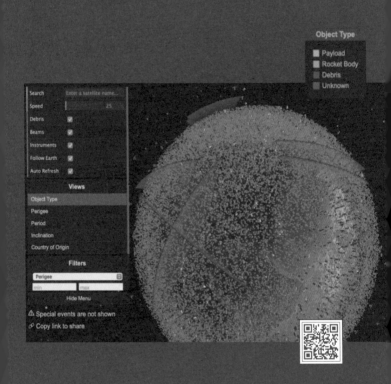

»
지구 주위를 돌고 있는 우주 쓰레기들. 무려 1억 개가 넘는다.
(출처 : 레오랩스)

하게 만든다지만 지구 밖은 어떨까. 지구 주변을 도는 인공위성은 점점 늘어나고 있다. 만약 이 인공위성들이 서로 부딪힌다면? 끔찍한 일이다. 이미 지구 주위에는 1억 개가 넘는 우주 쓰레기들이 있다. 그것도 총알보다 10배나 빠른 초속 7~8km 속도로 공전하고 있다. 지구 중력에 의해 자연스럽게 대기권으로 들어와 소멸하는 게 이상적이고, 특정 궤도에 올라 영원히 같은 곳에 있는 우주 쓰레기장에 있는 것이 차선이다. 하지만 이 두 가지가 아닌 상태로 그냥 떠돌고 있다면 그것만으로도 엄청난 위협이다.

앞에서 이야기한 레오랩스 사이트에서 왼쪽의 데브리스(Debris)를 체크하면 수많은 우주 쓰레기가 지구 주위를 도는 걸 볼 수 있다. 지금도 그렇지만 앞으로는 더 많은 우주 쓰레기가 생길 거라는 사실은 누구나 예상할 수 있다.

나사는 이미 약 30년 후에는 지구가 우주 쓰레기로 뒤덮일 것이라고 예측했다. 2019년 관측 기준으로 10cm 이상은 34,000개. 10~10cm는 90만 개, 1cm 미만의 우주 쓰레기는 약 3억 개나 된다. 1978년 과학자 도널드 케슬러는 거대한 재앙이 될 수도 있다고 경고했고, 그의 이름을 따서 수많은 인공위성과 우주 쓰레기 때문에 거대한 고리가 지구에 생길지도 모르는 현상을 '케슬러 신드롬'이라 한다.

그런데 우주 쓰레기는 정말 위협적일까?

1980년 태양을 관측하기 위한 솔라맥스는 발사 2개월 만에 임무를 중단했다. 150개의 구멍이 생겼는데 모두 금속과 충돌했기 때문이다. 1977년 코스모스 954호가 캐나다 호숫가에 추락했다. 핵을 동력으로 하는 감시위성이기에 방사능을 뿌렸고, 이에 대해 캐나다는 소련에 600만 캐나다달러의 보상을 요구했다. 결국 소련은 300만 캐나다달러를 배상했다. 2018년 우리나라도 우주 쓰레기의 위협에서 자유로울 수 없었다. 중국의 우주 정거장 톈궁 1호의 잔해가 대기권에서 다 소멸되지 못하고 지구에 떨어졌다. 다행히 바다에 떨어졌지만 국내에서도 경보가 울릴 정도로 민감한 일이었다. 2023년 우주 비행사 3명이 미국에서 371일이라는 최장 기간 동안 우주비행하는 기록을 세웠다. 의도한 것이 아니었다. 예정대로라면 그들은 소유즈 우주선 M-22를 타고 지구로 돌아와야 했다. 이 우주선에 우주 쓰레기가 부딪혀 냉각수가 유출되는 사고가 생겼고 이 때문에 다른 우주선을 기다렸다가 지구에 돌아올 수 있었다.

승리호, 미래를 예견하다

2021년 넷플릭스에서 공개된 SF 영화 〈승리호〉는 앞으로 다가올 미래에 대한 꽤 앞선 영화다. 영화의 배경은 2092년이다. 지구는 이미 병들었고 회복 불능으로 향했다. 숲이 사라지고 사막은 늘었다. 언제나 그렇듯 이런 미래에 소수의 부자들은 지구 가까운 상공 '우주 궤도'에 있는 인공도시에서 쾌적하게 생활한다. 지구의 대부분 국가는 국가라고 할 수 없을 정도로 통치력을 잃은 상태다. 이런 무정부 상태에서 그래도 지구에서의 생활이 유지될 수 있게 하는 건 UTS라는 이름의 우주 개발 기업 덕분이다. 이 기업은 뛰어난 과학기술을 바탕으로 우주와 관련된 산업을 모두 독점하고 있다. 게다가 UTS는 지구를 벗어나 '화성'으로의 이주를 목표로 삼고 있다.

우주 산업 발전에 가장 걸림돌은 지구 궤도에 있는 '우주 쓰레기'들이다. 쓰레기가 너무 많아 자칫하다가는 로켓과 우주선에 방해가 될 수 있기에 우주 쓰레기를 수거하는 전문가들이 등장한다. 이들이 바로 '우주 청소부'이며 이들 중 하나가 '승리호'다.

어떤가. 2092년, 지금으로부터 상당히 먼 미래로 보인다. 하지만 생각해보면 겨우 70년 남짓이다. 스타링크의 목표인 위성 42,000개가 모두 발사되고 다른 회사들의 초저궤도 위성들이 지구 궤도에 가득해지는 미래. 정말 머지않은 미래에 우리는 '승리호'를 만나게 될지도 모른다. 적어도 70년 후가 되면 우주 쓰레기를 정리하는 회사 중 하나는 승리호라는 이름을 쓰게 되지 않을까.

UTS의 이름에 일론 머스크가 겹쳐 보이는 건 착각은 아니다.

우주 쓰레기 처리 전문회사들의 성장

아직 우주 쓰레기를 수거해 실질적인 매출을 올리는 회사는 없다. 하지만 사업을 준비하고 또 시작한 회사들이 있다.

가장 적극적으로 움직이는 기업은 일본 기업 아스트로 스케일, 스위스의 클리어 스페이스, 미국의 데브리 캡처, 러시아의 스타트 로켓이다.

아스트로 스케일은 회사의 슬로건부터가 '우주 청소부'다. 이들이 제시한 방식은 쓰레기 수거를 위한 위성을 쏘아 올린 후 자석을 활용해 우주 쓰레기를 이 위성에 달라붙게 한다. 이 기술로 1억 9,100만 달러(약 2,200억 원)

스위스의 클리어 스페이스는 '로봇 팔' 4개로 우주 쓰레기를 끌어안고
대기권으로 진입해 함께 소각되는 방식으로 처리한다.
(출처 : 클리어 스페이스)

의 투자를 받았다. 원웹과도 계약을 맺어 고장 난 위성들
을 청소할 예정이다.

　클리어 스페이스는 '로봇 팔'을 가지고 있다. 총 4개
인데 우주 쓰레기를 이 팔로 끌어안고 대기권으로 진입해
함께 소각되는 방식으로 처리한다. 뭔가 우주 쓰레기를
안고 함께 장렬히 전사하는 분위기가 떠오른다.

　우주 쓰레기를 수거해 소각하는 회사들은 쓰레기를
가지고 지구로 다시 귀환하는 게 아니라 대부분 소각하는
방법을 택한다. 클리어 스페이스는 2025년 첫 발사를 목

표로 하고 있다.

그런데 과연 이 회사들이 우주 쓰레기를 수거할 수 있을까? 청소 위성 한 대로 과연 몇 그램의 쓰레기를 정리할 수 있을까? 청소 위성을 재활용할 수 없다면, 수거에 들어가는 비용을 줄일 수 없다면 비용만 낭비할지도 모르는 일이다.

우리나라 정부도 2021년에 '우주 위험 대비 시행계획'을 통해 우주 물체 추락과 충돌 등 우주 위험에 대비한 범부처 통합 대응체계 구축, 우주 위험 사전 감시 예방을 위한 기술 개발, 우주 위험 대비 기반 확충안 등을 다루었고 '우주 쓰레기 경감을 위한 우주비행체 개발 및 운용 권고안'을 내놨다. 하지만 이 모든 것은 결국 예산 문제다.

얼마 남지 않은 미래이기 때문에 빠르게 준비할 수 있기를 기대한다.

NEW SPACE

EPILOGUE

우주 산업은 이미 시작됐다

1

모든 책이 그렇지만 이번 책 역시 흥분되고 즐거우며, 두려운 마음으로 썼다. 광활한 우주 전체를 다루는 게 아니라 '우주 산업'에 대한 이야기를 했지만 그래도 괜찮을까? 수많은 과학자분들과 연구자분들이 지금도 엄청난 노력을 기울이고 있는데 혹시라도 잘못된 정보를 전달하면 어떡하지? 이런 두려움 속에서도 글을 쓴 건 지금 모두가 관심 가져야 할 우주 산업 이야기를 전하고 싶었기 때문이다.

2

스타링크가 시작한 저궤도 인공위성 사업들, 다누리호가 이룬 성과, 멀게만 느껴지던 우주여행과 관련해 성장하는 산업들, 이렇게 커다란 변화가 보이는데도 일반인에게는 그냥 지나가는 이야기로만 느껴지는 게 아쉬웠다. 그래서 뜬구름 잡는 이야기가 아니라, 나와 상관없는 이야기가 아니라, '산업'과 관련해 '새로운 먹거리'를 볼 수 있는 '투자' 측면에서 우주를 바라보는 이야기를 담고 싶었다. 정말로 우주는 투자로 이어지며 기회가 될 수 있을까?

이미 스페이스 X는 스타링크 코리아를 통해 국내

KT, SKT, LG 유플러스와 제휴를 맺어 위성통신 사업을 준비 중이다. 원웹에서 추진하거나 발표하는 내용을 보면 위성통신 안테나를 개발하는 국내 '인텔리안테크놀로지스'를 찾을 수 있다.

국내 기업 쎄트렉아이의 위성 영상 분석 서비스, 2023년 하반기에만 1조 원을 넘는 사업을 수주한 한화시스템은 또 어떤가.

무엇보다 '보령제약'이 회사명에서 '제약'을 떼고 '보령'으로 바꾼 후 우주로 뛰어든 건 엄청난 도전이다. 이미 보령은 액시엄 스페이스와 국내 합작법인 설립 계약을 맺고 '브랙스 스페이스(BRAX SPACE)'를 출범했다. 액시엄의 기술과 우주정거장 인프라를 활용해 국내에 운영 가능한 모든 사업 독점권과 아시아 태평양 지역의 우선 사업권을 보유하게 된다. '사업'은 광범위하다. 우주정거장 내에서의 다양한 연구와 실험, 유인 우주 개발 프로젝트, 우주정거장 모듈 개발 등 굉장히 많다. 우주정거장에서 신약 개발연구가 진행된 지 20년이 넘었으니 보령의 우주 도약은 상관없는 분야가 아니라 미래를 위한 포석으로 볼 수 있다. 여기까지 읽은 독자들은 고개를 끄덕이리라 여긴다.

이 책의 목표는 여기에 있다. 오늘 이후 벌어지는 수

많은 우주와 관련된 산업 이야기를 보거나 듣거나 읽을 때 '아, 이런 거였지'라고 이해할 수 있게 하는 것이다. 우주 산업은 이미 시작되었고 무수히 많은 기회가 열려 있다. 어떤 것을 준비해야 하는지 이 책이 시작점이 되기 바란다.

3

감사할 사람이 너무 많다. 글을 쓰는 내내 시간이 될 때마다 들은 〈오르트 구름〉의 가수 윤하님, 가장 쉽게 우주에 대해 설명하는 유튜버 '안될과학'과 '리뷰엉이', 다누리에 대한 소식뿐 아니라 우리나라 우주에 대한 최신 정보를 얻을 수 있는 '한국항공우주연구원', 이 외에도 우주에 대한 이야기를 각자의 자리에서 전달해주는 수많은 분들 덕분에 이 책을 쓸 수 있었다.

참고 문헌

- 소련이 세계 최초로 인공위성을 쏘아 올린 진짜 이유! 인류 최초의 인공위성 스푸트니크 1호, https://www.youtube.com/watch?app=desktop&v=i9Sf5-cL6IM, **리뷰영이**
- 1944년 독일 V2 로켓 런던 공격, **경향신문**
- 일론 머스크의 인공위성이 지구를 덮친다고? 우주 쓰레기가 무서운 이유, **YTN**
- 위성 애용자 미군도 탐낸다는 초저궤도 위성, **동아사이언스**
- 위성 영상 데이터 활용을 위한 생태계 조성 및 서비스 구축 방안 연구, 강지연, **한국연구재단**
- '뉴스페이스' 시대…위성 데이터에 꽂힌 기업들, **중소기업신문**
- 쎄트렉아이, 대규모 위성영상 처리 네이버클라우드에서 한다, **AI타임스**
- KT·LGU+ 이어 SKT도 28GHz 대역 5G 주파수 '할당 취소', **한겨레**
- 해저케이블 지도, https://www.submarinecablemap.com/, **TeleGeography**
- 페이스북 해저 케이블, 지구상에서 가장 긴 케이블 된다, **디지털데일리**
- 구글 계열사 룬, 아프리카서 풍선 이용한 인터넷 서비스 개시, **연합뉴스**
- 구글 '룬 프로젝트' 우주 인터넷으로 살아나다…美 우주군과 계약, **테크42**
- 러, 머스크의 스타링크 인공위성망 공격 실험 지속, **뉴시스**
- 하와이안항공 "업계 최초 스타링크로 기내 초고속 인터넷", **연합뉴스**
- Qatar Airways Selects Starlink to Enhance In-Flight Experience (카타르항공, 기내 경험 향상을 위해 스타링크 선택), https://www.breakingtravelnews.com/news/article/qatar-airways-selects-starlink-to-enhance-in-flight-experience/, **Breaking Travel News**
- 유텔샛-원웹 합병…통합 위성통신회사 출범, **ZDNET Korea**
- '한국판 스타링크' 꿈꾸는 한화의 2025년 승부수, **포춘코리아**
- 아마존, '카이퍼' 프로젝트 위성 두 대 발사, **ZDNET Korea**
- Atlas V launches Project Kuiper Protoflight(프로젝트 카이퍼 위성 발사), https://youtu.be/LNqvGx9qebs, **SciNews**
- 이스라엘, 일론 머스크 '스타링크' 사용키로…목적·역할 불명, **디지털투데이**

- "내 폰으로 위성통신 접속"…스타링크, '다이렉트 투 셀' 내년 출시, **ZDNET Korea**
- 중국판 스타링크 구축 시동…우주인터넷도 미-중 대결로, **한겨레**
- 미국 스타링크 막아라! 중국, 가을에 위성 군대 작전, **COSMOS TIMES**
- 세계 첫 민간인 우주관광객 데니스 티토, **전자신문**
- '스페이스십 원' 또 우주공간 도달 성공, **SBS**
- Why is Richard Branson going to space? A child's phone call helped launch Virgin Galactic.(리처드 브랜슨이 우주로 가는 이유는 무엇입니까? 버진 갤럭틱 출시에 도움을 준 어린이의 전화), https://www.lcsun-news.com/story/news/2021/07/07/richard-branson-space-virgin-galatic-bbc-vss-unity/7896036002/, **Las Cruces Sun News**
- 英 억만장자, 지상 86km '지구밖 여행' 성공…우주관광 꿈이 현실로, **동아일보**
- 버진그룹 위성발사업체 '버진 오빗' 역사 속으로…폐업·청산, **연합뉴스**
- 베조스의 블루오리진 "우리가 우주 더 높이 간다", **ZDNET Korea**
- New Shepard First Human Flight(뉴셰퍼드 최초의 인간 비행), https://youtu.be/tMHhXzpwupU, **Blue Origin**
- 미 당국, 블루 오리진 사고 조사 종료…"시정 조치 21개", **SPACERADAR**
- 민간항공 100년…年 31억명, 세계의 하늘을 누빈다, **한국경제**
- 세계 첫 달 자원 거래 임박…일본기업이 NASA에 5000달러 판매, **산경투데이**
- 이제 여러분도 달나라 땅의 주인이 되어보세요, https://lunarembassykorea.co.kr/product/list.html?cate_no=42, **LUNAR EMBASSY**
- 우주 쓰레기를 걱정하는 시대, **KBS**
- 우주 비즈니스 시장, 치열한 경쟁이 펼쳐진다, **기술과혁신**
- 레오랩스, https://platform.leolabs.space/visualization, **LEOLABS**
- 누리호 발사, https://www.kari.re.kr/nuri/sub02_02.do, **한국항공우주연구원**
- 액시엄 스페이스 우주여행, https://www.axiomspace.com/news/category/Ax-1+Mission, **AXIOMSPACE**

NEW SPACE
이미 시작된
우주 자본의 시대

1판 1쇄 발행 2024년 2월 7일

지은이 | 이임복

펴낸이 | 박선영

편집 | 이효선

디자인 | 933015디자인

발행처 | 퍼블리온

출판등록 | 2020년 2월 26일 제2022-000096호

주소 | 서울시 금천구 가산디지털2로 101 한라원앤원타워 B동 1610호

전화 | 02-3144-1191

팩스 | 02-2101-2054

전자우편 | info@publion.co.kr

ISBN 979-11-91587-60-9 03320

※ 책값은 뒤표지에 있습니다.